Walther Hutzli, Albert Bitzius

D1722813

Walther Hutzli

Albert Bitzius

Der Sohn Jeremias Gotthelfs

Ein Lebensbild

GS-Verlag Bern

Meinen Kindern gewidmet

ISBN 3-7185-3046-5

Vorwort

Das hier vorliegende Lebensbild von Albert Bitzius, Sohn, geht zurück auf einen Artikel, den ich im Herbst 1982 zum hundertsten Todestag von Albert Bitzius in der Zeitschrift «Reformatio» veröffentlichte.

In der Folge zog ich noch in vermehrtem Masse die Briefe von Albert Bitzius zu Rate. Ich durfte dabei Quellen benutzen, die bis jetzt nicht verwendet wurden.

Dies gilt besonders für die über hundert Briefe, die mir aus dem Familienarchiv der Nachkommen der Cécile von Rütte-Bitzius zur Bearbeitung übergeben wurden. Es handelt sich um Briefe von Albert Bitzius an seine Angehörigen.

Sehr wertvoll war mir auch die Einsicht in die Briefe an seine Braut und an die Schwester Henriette, die sich im Gotthelfarchiv des Rittersaalvereins in Burgdorf befinden. Für das Entgegenkommen bin ich dem Präsidenten des Rittersaalvereins, Herrn Dr. med. dent. M. Winzenried in Kirchberg, sehr dankbar.

Auch die Briefe der Mutter, Henriette Bitzius-Zeender im Gotthelfarchiv der Stadt- und Burgerbibliothek in Bern geben wertvolle Aufschlüsse.

Durch einen Artikel von Herrn Dr. Schmid in Uster im «Kleinen Bund» 1982 wurde ich aufmerksam auf die Briefe von Albert Bitzius an seinen Freund, Pfarrer Dr. Vögelin in Uster. Diese sind aufbewahrt auf der Zentralbibliothek in Zürich und sind bei den bisherigen Arbeiten über Bitzius nicht benutzt worden.

Ich hoffe, dass die Verwertung der brieflichen Aussagen von Albert Bitzius mithelfen werde, das Bild seiner Persönlichkeit neu und lebendig vor Augen treten zu lassen.

Bern, im Sommer 1983   Walther Hutzli

Inhalt

Benutzte Quellen

Briefe

Jeremias Gotthelf: Sämtliche Werke, Eugen Rentsch-Verlag, Zürich-Erlenbach: Briefe, Ergänzungsbände 4–9
Henriette Bitzius-Zeender: Briefe an ihren Sohn. Burgerbibliothek Bern
Albert Bitzius, Sohn, Briefwechsel mit seinen Angehörigen und mit F. S. Vögelin (siehe Vorwort)

Predigten

von Albert Bitzius. Aus dem Nachlass herausgegeben durch E. Hegg, Gymnasiallehrer in Bern, 7 Bände, 1884–1903

Veröffentlichungen

Artikel in Reformblättern (Reformblätter aus der Bernischen Kirche, Zeitstimmen aus der schweizerischen Kirche, schweizerische Reformblätter): Stadtbibliothek Bern
Die Todesstrafe vom Standpunkt der Religion und theologischen Wissenschaft, Berlin 1870
Die Grundsätze modernen Strafrechtes in ihrer Anwendung auf die Theologie. Vortrag, Bern 1868
Die Verbesserung unserer Strafrechtspflege. Vortrag, Bern 1877

Biographien über Albert Bitzius

Henriette Rüetschi-Bitzius: «Aus dem Leben meines Bruders Albert Bitzius, Regierungsrath», Bern 1882
Hans Balmer: Lebensbild eines Republikaners, Bern 1888
Alfred Altherr: Albert Bitzius, ein Vorbild freier Frömmigkeit, Basel 1898

Ernst Hegg: Albert Bitzius' Lebensgang, Vorwort zu Band VIII, gedruckte Predigten, Bern 1903

Kurt Guggisberg: Albert Bitzius, Wesen und Werk, Bern 1933

Walther Häsler: Aufsätze über Albert Bitzius, Schweizerisches Reformiertes Volksblatt, 1982

Walter Betulius: Friedrich Salomon Vögelin, 1837–1882, Winterthur 1936

Kindheit und Jugendzeit

Am 6. November 1835 schrieb der Pfarrer von Lützelflüh, Albert Bitzius, an seinen Freund Ludwig Graf in Bern: *Heute um ½ 12 Uhr kam ein Kronprinz zur Welt.* Und Henriette, die ältere Schwester dieses Kindes, gibt in ihren Erinnerungen an ihren Bruder folgende Schilderung des Ereignisses: *Der 6. November 1835 war ein Freudentag für die Pfarrfamilie in Lützelflüh, war ihr doch heute ein Söhnlein geboren worden. Der junge Stammhalter schien zwar ein zartes Pflänzchen zu sein; dennoch begrüsste der Vater sein Erscheinen mit grosser Freude, holte sogleich eine Flasche Wein aus dem Keller und schenkte der Hebamme ein, damit sie mit ihm auf das Wohl des Buben anstosse.*

Henriette betont, dass Albert ein zartes Kind blieb und ganz besonders der Pflege der Mutter bedurfte. Er wurde dadurch ihr Liebling. Das innige Verhältnis zwischen Mutter und Sohn blieb auch später bestehen. Der Vater bezeichnet den Knaben einmal als *munteren, lustigen Kerli, der mehr lacht als weint und die Welt mit grossen, kecken Augen ansieht.* Andererseits kann Gotthelf zwei Jahre später schreiben: *Der Bube wird, wenn er so fortfährt, ein ganzer Kerli, körperlich und geistig; aber so wie sich in ihm eine bedeutende Kraft des Willens entwickelt, bedarf es einer noch bedeutenderen, um die seinige in Ordnung zu halten. Nun, wenn mich der liebe Gott gesund lässt, soll er an mir keinen Lädi finden.*

Albert stand durch seine Mutter, seine Tante Marie (des Vaters Stiefschwester) und seine Schwestern Henriette und Cécile stark unter weiblichem Einfluss. Dies bewog den Vater, den kleinen Albert im frühen Alter von sieben Jahren dem Waisenhaus in Burgdorf, das unter der Leitung von Ferdinand Fröbel stand, anzuvertrauen. Henriette bemerkt dazu: *Diesen reiflich überlegten Entschluss führte er mit unbeugsamem Willen durch, trotz der Thränen und Bitten der Mutter, die ihren Knaben ohne ihre Liebe verloren glaubte.* Gotthelf hatte selber gewisse Bedenken: *Das ist eine der Schattseiten des Landlebens. Es liegt etwas Unheimeliges darin, ein Kind so früh und so fast für immer aus den Händen in fremde zu geben.*

Über die erste Zeit, die Albert in Burgdorf verbrachte, bemerkt der Vater: *Der kleine Bursche hielt sich wacker, um das Weh der Mutter nicht zu vergrössern, aber schwer fällt es ihm, sich in die Bubenrepublik einzugewöhnen.*

Albert sah sich dem Spott und den Neckereien der Kameraden ausgesetzt. Dass er sich aber auf seine Weise zu wehren wusste, bestätigt Henriette: *Da er mit dem Maulwerk besser umzugehen wusste als mit der Faust, so rächte er sich für Spott und Unbill mit der Zunge, er disputierte für sein Leben gerne und wollte stets das letzte Wort haben, auch den Lehrern gegenüber. Deshalb galt er in Burgdorf für ein «böses Maul», und es ging auch zu Hause zwischen dem heftigen Vater und dem widersprechenden Sohne nicht immer ganz friedlich zu, so dass die Mutter oft für ihren Liebling zitterte.*

Wenn Albert Bitzius später als schlagfertiger Debattierer bekannt war, so hat er die Anlagen dazu in dieser Knabenzeit in Burgdorf gewonnen. Auch mit seinen beiden Schwestern kam es zu lebhaften Erörterungen. Dabei stand er zu beiden in einem herzlichen Verhältnis. Nach ihm war seinen Eltern noch ein zweites Mädchen, Cécile, geschenkt worden. Die drei Geschwister durften im Elternhaus eine frohe Jugendzeit erleben, besonders während der Ferienzeit, wenn auch Albert zu Hause war. Die drei: Albert, Henriette (Jetti) und Cécile (Cigi) genossen das Pfarrhausleben in Lützelflüh in vollen Zügen*.

Albert zeichnete sich durch Fleiss und gute Leistungen aus. Dies trug ihm auch die Anerkennung des Vaters ein. Henriette bemerkt: *Albert war der Stolz und die Freude seiner beiden Eltern.* Der Knabe siedelte dann von Burgdorf nach Bern ans dortige Progymnasium über. In dieser Zeit sagt Gotthelf von ihm: *Ich habe ein liebes, hübsches Bübchen, welches 15 Jahre alt in Bern auf der Schule ist.* Dass Albert der Primus seiner Klasse war, erfüllte den Vater mit Stolz. Aber es war nicht der äussere Erfolg, auf den er Gewicht legte. Er erwartete von seinem

---

* Näheres darüber findet sich in meiner Schrift: «Henriette Rüetschi-Bitzius, die ältere Tochter Jeremias Gotthelfs» in den Abschnitten: «Gotthelf unterwegs mit seinen Kindern», «Sprachschöpfungen, Phantasien, Dichtungen und Diskussionen», «Häusliche Feste». Verlag Gute Schriften, Bern 1976.

Pfarrhaus in Lützelflüh

Sohn Wertvolleres. Dies kommt eindrücklich in einem Brief zum Ausdruck, den der Vater 1851 an den Sohn schrieb:

Ich habe Ursache, mit Dir recht wohl zufrieden zu sein, und freue mich Deiner, nicht bloss weil du mein Kind bist, sondern weil ich hoffe, Du werdest ein tüchtiger Kämpfer werden, im Streit, den auch ich kämpfe; Du werdest einst, wenn ich die Fahne, die ich trage, fallen lassen muss, sie ergreifen mit starker Hand und hoch flattern lassen überm Kampfplatz ...

Glaube mir, das ist das Höchste, was ein Mensch erringen kann, zu stehen und zu wirken im Strom der Welt als ein wahrer Christ, nach dem Masse seiner Gabe und gemäss der Stelle, die ihm Gott verliehen hat. Da kommt es nicht auf Hohes oder Niedriges an, sondern auf die Treue ...

Das, mein herzliebes Kind, wollte ich Dir sagen, und ich lebe der Zuversicht, Du fassest die Bedeutung meiner Worte. Sie werden Dir zu einem väterlichen Segen, der Kraft über Dich habe, Dich aufrecht erhalte in schweren Stunden, Dir eine Leuchte sein, auf dem rechten Weg zum rechten Ziele. Ich erlebe es kaum mehr, aber wenn Du ein Mann geworden bist und meinen Segen in kindlichem Gemüte bewahrt hast, so wirst Du ein tüchtiges Glied am Leibe Christi sein, Gnade haben bei Gott und Wohlgefallen bei den Menschen.

Nun leb wohl und Gott behüte Dich, Dein Vater   Albert Bitzius

Dieser Brief gehört zu den Äusserungen Gotthelfs, denen man anspürt, dass er mit einem frühen Lebensende rechnete.

Er erlebte noch die Zeit, da Albert sein Studium begann. Wenn es in dieser Zeit zu Auseinandersetzungen zwischen Vater und Sohn kam, so hatte das Gründe, die im Werdegang Gotthelfs zu suchen sind. Er hatte einst als begeisterter Liberaler angefangen, schrak dann immer mehr vor dem Treiben der Radikalen, in denen er die Vertreter des Zeitgeistes sah, zurück. In seinen spätern Jahren stand Gotthelf den Kreisen der Konservativen nahe. In seinem Sohne, der kirchlich und politisch sich nach links entwickelte, trat ihm eine Haltung entgegen, die er für sich überwunden hatte. Eine Abklärung der gegenseitigen Standpunkte verhinderte der frühe Tod Gotthelfs.

Albert lebte als Theologiestudent in Lausanne, als er an das Sterbebett des Vaters gerufen wurde. Dessen Tod erschütterte

Kirche und Pfarrhaus

ihn tief. Und doch sah er darin eine gnädige Fügung. Er schrieb nach dem Tode des Vaters:

Ich kann Gott nur danken, dass er ihn damals hinwegnahm ..., ehe noch mein Verhältnis zu ihm, das bisher durch seine unermüdliche Güte ein äusserst herzliches gewesen war, getrübt worden ist; denn ich fürchte, es möchte durch meine politischen und religiösen Ansichten, die ich immer mit aller Offenheit auszukramen die Gewohnheit hatte, mein Vater im Innersten verletzt worden sein.

Albert wollte nun bewusst seinen eigenen Weg gehen. Dieses Anliegen kommt zum Ausdruck in einem Gedicht, das er schrieb, nachdem ihn einmal sein Weg in der Nacht am Friedhof von Lützelflüh vorbeigeführt hatte. Es heisst da:

Empor zum Grab, empor! zu ruhen dort, zu beten.
Die Stätte hast du längst, so lang nicht mehr betreten,
Doch nein, vorbei! es ruft die Pflicht so gross,
Und wandern, wandern musst du stets noch ruhelos.

Dass sich ihm aber die Persönlichkeit des Vaters tief eingeprägt hatte, wird später immer wieder deutlich. So schreibt er einmal an Cécile:

Seht, mein Vater ist mir immer mein Gott gewesen, und ich habe nie ohne Zorn und Ingrimm ihn können angreifen hören; mein Vater, der Pfarrer von Lützelflüh, der Schriftsteller, ist nicht mehr, sein Wesen und Lehren ist nicht dahin. Er ist unser geläutertes, geklärtes Ideal geworden.

Albert Bitzius als Student

Im Blick auf seine Berufswahl bemerkt Albert Bitzius: *Wie so viele Pfarrerssöhne habe auch ich von Jugend auf nichts anderes gewusst, als dass ich einst wieder Pfarrer werden würde.*

Das erste Semester brachte er in Lausanne zu. Henriette bemerkt dazu:

Es war beschlossen worden, dass er das erste Semester in Lausanne zubringen solle, und er genoss das väterliche Zutrauen in solchem Grade, dass es ihm anheim gestellt wurde, sich dort selbst einen Kostort zu suchen, eine Erlaubnis, welche die gute Tante Bitzius unerhört fand und worüber sie bedenklich den Kopf schüttelte. Alberts Wahl rechtfertigte aber das in ihn gesetzte Zutrauen vollkommen, er fand im Elternhause seines Freundes Cérésole Alles, was er nur wünschen konnte.

In das Leben des erstsemestrigen Studenten Albert Bitzius in Lausanne gibt ein Brief an die beiden Schwestern einen Einblick. Er schreibt:

Holdes Schwesternpaar! Als ich von der Heimat schied, schien mir Alles trübe und kalt, kein freundliches Gesicht lächelte mich an; jetzt aber ist dies sonderbarer Weise ganz anders geworden; ja, was das Wunderbarste ist, es gibt hier ganz hübsche Mädchen und es fehlt wenig, dass ich mich mit meiner ersten, heiligen und reinen Liebe zu einem Engel hingezogen fühle, den ich nicht lieben, nein nur anbeten kann. Welche Wonne! In mir keimen neue Blättchen unter der Schneedecke hervor, die der Ernst des Studiums um mein Herz gelegt hat.

In Lausanne wünsche ich französisch zu lernen. Dies ist nun auf zwei Arten möglich. 1.) indem man liest und hört, 2.) indem man selbst spricht. 1.) Dafür nehme ich Stunden, lese viel (alle Zeitungen), gehe oft in die Predigt und nehme Curse in der Theologie oder werde nehmen. 2.) ich sitze oft in der Kneipe und spreche. Doch werde ich nun Letzteres, nachdem ich meine englischen Stunden begonnen, daher mehr Aufgaben habe, jetzt zu beschränken beginnen. Da ich sonst auf der andern Seite auch zu viel Geld brauchen würde.

Das eigentliche Theologiestudium blieb offenbar in diesem ersten Semester eher im Hintergrund. Dagegen fand Bitzius in Lausanne, vor allem in der Studentenverbindung Zofingia, einen Freundeskreis, mit dem er auch später verbunden blieb.

Herzliche Freundschaften waren ihm auch geschenkt, als er von Lausanne nach Bern zog. Es geschah dies kurz nach dem Tode seines Vaters unter *sehr traurigen äussern Verhältnissen.* Wiederum war ihm die Zugehörigkeit zur Zofingia wertvoll. Er selber sagt: *Der Verein wurde meine Stütze, er gab mir Jugendlichkeit und Enthusiasmus zurück; als meine überwuchernde Subjektivität keine Schranken mehr kannte, da war er die erste Autorität, die mir imponierte und der ich mich beugte.* Dabei zeigte Bitzius gegenüber den studentischen Freuden jene Mässigung, von der er einmal schrieb: *Den Becher darf man nicht zur Neige leeren, weil die letzten Tropfen bitter schmecken.* Bitzius beteiligte sich auch mit Vorträgen am Verbindungsleben. Eines seiner Themen lautete: «Über die religiösen Wirren im Kanton Waadt im Jahre 1815». Bei der Wahl dieses Themas war Bitzius sicher beeinflusst durch seinen Aufenthalt im Kanton Waadt. Stark beanspruchte ihn das Amt eines Zentralpräsidenten des Schweizerischen Zofingervereins. Dieses Amt wurde ihm anvertraut in einer Zeit, da die Zofingia durch innere Auseinandersetzungen in einer Krise stand. Henriette bemerkt dazu kritisch und zugleich wohlwollend: *Er hatte etwas hohe Begriffe von seiner Würde als Centralpräses, behandelte vorsprechende Landgeistliche als «Pistoren» und man behauptete, er habe, heimkehrend, immer nach Depeschen gefragt, die für ihn angekommen sein möchten. Wir Schwestern fanden, der junge Herr werde etwas stark verwöhnt, und doch war der hochgewachsene blonde Jüngling auch für uns das Ideal eines Studenten.*

Albert Bitzius wusste selber, dass das Amt eines Zentralpräsidenten ihn etwas stark beanspruchte. *Meine Zentralbummelei –* so schreibt er einmal – *ist gegenwärtig der wunde Punkt meiner Existenz.* Seine Tätigkeit in diesem Amt hielt ihn aber vom ernsten Studium nicht ab. Er schloss dieses als Erster seiner Promotion ab.

Neben der Erholung, die sich Albert Bitzius im Kreise seiner Zofingerfreunde gönnte, nahm er vom gesellschaftlichen Leben wenig Notiz. Leicht ironisch schreibt er einmal an Cécile:

In Bern geht es gegenwärtig ganz ätherisch zu, besonders wird in Musik ungeheuer viel gemacht. Um ein Gespräch zu beginnen, sagt man nicht mehr: schönes Wetter, sondern: unsere musikalischen Hero-

en, dieser heitere und doch so tiefe Mozart, dieser ernste Beethoven haben uns doch gestern wieder einen herrlichen Genuss verschafft.

Es beeindruckt Bitzius auch nicht, dass nun plötzlich die – pietistisch gefärbte – Frömmigkeit salonfähig wurde. Er fährt in seinem Briefe fort:

Nun ist aber die Musik nicht Jedermanns Sache, allein dem prakti-schen Berner wird noch immer etwas zur Unterhaltung, zum Mode-amusement dienen und dies ist jetzt per hasard das Christenthum. Das ist ein noch ziemlich unbebautes Feld – da lässt sich noch viel machen. Man ist vor Schrecken ganz betäubt, wenn uns Herr v. Wattenwyl de Portes auf einmal die Abgründe zeigt, an denen wir bisher gewandelt. Es isch gäng guet, we me hie und da ghört, was me für ne schlächte un-gläubige Kärli isch, es üebt emel i der Bescheidenheit.

Obschon Bitzius in seinem Studium und in den genannten besonderen Aufgaben klar und bestimmt seinen Weg ging, war er doch zugleich ein junger Mensch, der von mancherlei Kräften umgetrieben war und dem auch ein gewisser Opposi-tionsgeist nicht fremd war. 1858 berichtet die Mutter an Hen-riette über Unruhen unter den Studenten, weil einer der Pro-fessoren eine Art von Kollegienzwang einführen wollte. Da-bei bemerkt sie: *Natürlich ist Albert unter den Protestierenden.*

Albert kannte etwas von der Auflehnung des jungen Men-schen gegen allen Zwang. Kurz vor seinem Studienabschluss schreibt er: ... *die junge Generation benimmt sich eher zu unfrei als zu frei ... davon gehe ich nie und nimmer ab: Freiheit für Leute von 18–23 Jahren.*

Ein ruhender Pol war Albert in dieser Zeit voll Unrast gege-ben: seine Mutter. Sie war nach dem Tode Gotthelfs zusam-men mit ihrer Schwägerin Marie nach Bern gezogen. Ihre bei-den Töchter verheirateten sich, aber Albert konnte sie wäh-rend der Zeit seines Studiums ihre Fürsorge zukommen las-sen. Sie schreibt:

Ich kann Euch nicht aussprechen, welch' vortrefflicher Sohn Albert für mich ist! Ohne Selbstsucht, feinfühlend, rücksichtsvoll, dazu so fleissig sich vorbereitend auf seinen schönen Beruf.

Ganz besonders nahm sie Anteil an seiner Schlussprüfung. Am 11. August 1857 schreibt sie:

Seit sieben Uhr Morgens ist nun Albert im Fegfeuer. Die alten Spra-chen scheinen seine schwache Seite zu seyn, da ich aber weiss, wie ernsthaft er die Sache nimmt und wie fleissig er war, so bin ich ruhig dabei.

So schwer es der Mutter auch fiel, musste sie Albert nun ziehen lassen in einen neuen Lebensabschnitt.

Albert Bitzius als Vikar

Es war eine eigenartige Fügung, dass Albert Bitzius seine Vikariatszeit in Utzenstorf begann. So kam er in das Pfarrhaus, in welchem einst sein Vater den Hauptteil seiner Jugend erlebt hatte. Pfarrer Rytz, der Ortspfarrer, war ein Freund Gotthelfs gewesen und erbat sich den Sohn seines Freundes zu seinem Vikar. So begann Albert nun sein Vikariat am gleichen Ort, wo einst auch der Vater als Vikar gewirkt hatte.

Das Einleben fiel Albert Bitzius nicht leicht. Zu schaffen machte ihm die Predigtvorbereitung. Er seufzt darüber, dass eigentliche *Vernagelten* ihn fast lähmten. Ein Brief meldet, dass er in der Predigt *bestochen* sei. Auch die Besuche bei den Kranken fielen ihm recht schwer. Er bezeichnet sie als das schwierigste Gebiet seiner Tätigkeit. In der Pfarrfamilie war er freundlich aufgenommen. Nur in einem Punkt war er mit der Pfarrfrau nicht einverstanden, im Rauchkapitel. Er wollte sich das Rauchen nicht nehmen lassen und trumpfte auf: *Mein Vater hat auch viel geraucht und lieber will ich die Vorhänge opfern, wenn sie durch den Tabakrauch leiden, als davon lassen.*

Der Übergang vom freien Studentenleben zur fest genormten Lebensweise im Pfarrhaus gab Bitzius zu schaffen. Irgendwie fühlte er sich eingeengt. Er erzählt einmal, wie er von einem Konzert sich in sein Zimmer zurückzog. Da erwachte in ihm der Glust (Verlangen):

Ich möchte meine schwarzeingerahmte Stellung verlassen können und ein einfacher Bauernbursche werden und alles mitmachen, statt gleich nach dem Konzert so traurig einsam heimkehren zu müssen und hinsitzen so ganz allein, während bei der Jugend, bei allen andern von meinem Alter mit dem gleichen warmen Blut, Lust und Freude, Tanz und Spiel erst angefangen hat.

Kein Wunder, wenn in ihm diese Gedanken aufstiegen. Er bemerkt, dass der Frauenchor aus einigen wunderlieblichen Gesichtern bestanden habe, die ihn ganz sentimental gestimmt hätten.

Eines steht ihm als Frucht seiner ersten Tätigkeit im Amt fest: Nie möchte er irgendwie der Enge verfallen. Er sagt dazu:

Liebe Tante

Ich danke dir für die Liebe, ich danke dir für
die Freuden die du mir gemacht hast, ich
danke dir für deine Güte und für deine guten
wohlmeinenden Zurechtweisungen; ich danke dir
für die Geschenke mit welchen du mich sehr oft
erfreut hast, ich war oft ungehorsam gegen
dich da hast du mich gütig zurechtgewiesen.
Ich wünsche dir viel Glück, ich wünsche
dir ein langes Leben, ich wünsche dir
eine dauernde Gesundheit.

Dieß alles dankt, bittet und wünscht
dein Neffe. Albert Bitzius 1846 den 1ten Januar

Albert schreibt an seine Tante Maria

Ich fürchte in den beschränkten Gedankenkreis eines Theologen von Fach hineingezogen zu werden und so das Köstlichste und Beste und Wirksamste zu verlieren: den Blick ins gesamte Menschenleben; es gibt nichts Roheres und Verderblicheres als die sogenannte theologische Weltanschauung, wo alles in einzelne kleine und enge Kategorien gezweigt wird, in Rechnungsexempel.

Trotz allem, was ihn so umtrieb, verliess er doch den Ort seines ersten Vikariates recht heiter. Er schreibt an Henriette:

... irgend eine Zeit ist nicht alle Zeit, auch denke ich, gehe ich bald ab ... letzter Termin Ende Mai (1860). Dann wird Vikar Bitzius bei sich selber denken: Können's die Utzenstörfer ächt machen ohne mich, gehts? Auf seinem neuen Posten wird er seine Augen gar oft in die Himmelsgegend von Utzenstorf richten, erwartend, von dorther komme eines morgens ganz schwarz, eine Schaar Utzenstörfer, Händeringend, inständig flehend: O komm zurück in meine Arme – allein still wird es bleiben über dem Wasserschlund, nicht einmal in der Tiefe wird es hohl brausen, und könnte ich dann einer Kritik über mich beiwohnen, so würde ich vernehmen: ja sälbe Winter isch es gsi, wo dä jung Vicari da gsi isch, wie het er scho gheisse, so ne arige (seltsame) Name.

Während kürzerer Zeit war Bitzius als Vikar in Krauchthal tätig. Ihm war besonders auch der Dienst an den Strafgefangenen in Thorberg übertragen. Die Eindrücke, die er hier empfing, waren sicher mitbestimmend, wenn er später sich so eingehend mit den Fragen der Gefängnisreform beschäftigte.

Recht wichtig für seine weitere Entwicklung war sodann die Vikariatszeit in Thunstetten. In dieser Zeit begann sich in Bitzius immer mehr der Geist der Kritik zu regen. So steht er dem Pietismus eher ablehnend gegenüber. Er schreibt:

Unser bernischer Pietismus ist immer identisch mit Separatismus, schon seinem Wesen nach, aber auch in der That, und wenn sich unter uns bis jetzt auch keine freie Kirche bildete, so kommt dies daher, dass viele landeskirchliche Geistliche an seiner Spitze stehen und den Riss dem gewöhnlichen Auge verdecken.

Eindrücklich ist, wie Bitzius, auch wenn er einer Bewegung gegenüber Vorbehalte macht, doch deren einzelnen Vertretern gerecht werden möchte. So schreibt er:

Es gibt allerdings eine Anzahl ächter, wahrer Pietisten im alten Sinne des Wortes, aber diese sind die Stillen im Lande.

Ähnlich ist sein Verhältnis zu den Sonntagsschulen, die in seiner Zeit im Werden waren. Er kann sich mit diesem neuen Zweig am Baum des Pietismus nicht befreunden, aber er sagt doch, dass er vor den Sonntagsschullehrerinnen den Hut abnehme. Ja, er erklärt: *Wir sehen in ihrem Thun einen ersten Schritt zu Befreiung des weiblichen Geistes auf religiösem Gebiet.*

Die Pfarrfamilien, mit denen Bitzius als Vikar zusammen lebte, waren stark mit der Mission verbunden. Von den Pfarrhaustöchtern sagt er, sie seien *fervent* (eifrig) für die Mission, überhaupt sehr thätig in allen Liebeswerken, wovor er grossen Respekt habe. Gegenüber den Missionskränzchen bemerkt er: *Ich kann mich immer in einiger Distanz, ebenso sehr vor aller dummen Opposition wie vor allem dummen Hineingehen halten, ruhig hindurchdiplomäteln.*

Bitzius beschäftigte sich auch mit dem Einfluss des Pietismus auf die Seelsorge. Dabei unterscheidet er *zwischen dem Ideal des Pietismus und der Art und Weise, der Gestalt, welche derselbe in den Köpfen ungebildeter Leute (zumal alter Frauen und exaltierter Mädchen) bekommt und annimmt.* Von dem seelischen Druck, der gelegentlich ausgeübt werde, kommt nach seinem Urteil *eine Selbstqual, die leicht zum Irrsinn führen kann.* Es ist genau die Gefahr, die Gotthelf in der Gestalt des Vikars in «Anne Bäbi Jowäger» darstellt.

Die Vikariatszeit in Thunstetten war für Bitzius eine Zeit des Suchens nach dem richtigen Weg. Viel bedeutete ihm in diesen Tagen die Verbindung mit Eduard Langhans, der im nahegelegenen Lotzwil ebenfalls als Vikar wirkte. In einem Buchenwäldchen, das in der Nähe der beiden Dörfer lag, fand zwischen den beiden Vikaren ein reger Gedankenaustausch statt. Langhans schreibt von diesen Begegnungen: *Ach, wenn jene Buchen noch stehen und wenn sie reden könnten, was würden sie zu erzählen wissen von der Unklarheit und Rathlosigkeit zweier junger Theologen.*

Studienaufenthalt in Deutschland

Vom Herbst 1861 bis Frühjahr 1862 studierte Bitzius an verschiedenen deutschen Universitäten und suchte Land und Leute kennenzulernen. Unter anderem weilte er kürzere oder längere Zeit in Dresden, Prag, Berlin, Hamburg, Leipzig, Dortmund und Mainz. Was sein Studium betrifft, so fällt sein Vergleich der deutschen Universitäten mit derjenigen von Bern gar nicht zuungunsten der letzteren aus. Er schreibt im November 1861 aus Berlin: *Dienstags in ein Kolleg, kirchenge-schichtlich sein sollendes, zusammengewürfeltes Zeug – das wird Geschichte genannt. Kriege nun je länger je mehr Respekt vor unserer Berner Hochschule, seit ich nun vier ausländische, berühmte durchstö-bert habe.* Über die Auswahl seiner Studienfächer schreibt er: *Die Theologie, wie sie hier betrieben wird, habe ich herzlich satt, dass ich nach etwas anderem förmlich lechze, und dieses andere ist zunächst Kultur – allgemeine und Kirchen-Geschichte, Volkswirtschaft; mag sein, dass dies nicht gerade das Reiseziel ist, bin aber dennoch auch auf meinem Felde nicht ganz unthätig.*
Wenig Interesse hat Bitzius für die Sprachwissenschaften. Er schreibt später einmal: *Ich hasse diese alten Sprachen bis in den Tod, sie haben mir meine beste Jugendzeit, Jugendkraft weggefressen.*

Auffällig ist, wie sehr sich Bitzius für die sozialen Werke und Einrichtungen in Deutschland interessiert. Hier kommt ein Zug seines Wesens zum Vorschein, der dann später auf dem Gebiet der sozialen Fürsorge seine Entfaltung fand. Er besucht, vor allem in Berlin und Hamburg, Armenschulen, Blinden- und Taubstummenanstalten, Gefängnisse. Von ei-nem Arbeitshaus bemerkt er: *Die Anstalt ungefähr von Thorbergs Währung.* Nach dem Besuch einer Waisenanstalt mit 500 Kna-ben gesteht er: *Tiefer Einblick in die Entsetzlichkeiten des Berliner Armensystems.*
Überhaupt beschäftigt ihn das Problem der Armut sehr. An Weihnachten geht er über den Berliner Weihnachtsmarkt. Seine Freude ist gedämpft. Ausgerechnet am Weihnachts-abend stehen Bilder des Elends vor ihm: *Einzelne arme Buben thun dem Herzen weh, verkaufen nichts und bedürfens doch so sehr;*

dazu die kauernden Kinder, die unermüdlich schreien: ein Dreier, da-
bei ein Körbchen mit Armseligkeiten vorstreckend.

Tief in Gedanken versunken geht Bitzius weiter. Ihn beschäftigt die Frage, *warum die Weihnacht Unzähligen keine Weih-*
nacht sei. Er kommt zum Schluss: *Weil die natürlichen Verhältnis-*
se von Familienleben und Gemeindebewusstsein fehlen. Geld, Umge-
bung von Freunden usw. können, ob auch dieser Mangel nicht so fühl-
bar wird, ihn doch nicht heben.

Von Hamburg aus besuchte Albert Bitzius das Rauhe
Haus, dieses Werk von Johann Wichern, der die Kirche auf-
gerufen hatte, die tätige Liebe dem Glauben gleichzustellen.
Bitzius ist vom Rauhen Haus beeindruckt. Er bezeichnet es als
grossartige, tief ausgedachte Schöpfung. Er hat nur eine Befürch-
tung, dass die jetzigen Mitarbeiter zu sehr an die Person des
Gründers gebunden seien: *Kein Wort habe ich vernommen, wel-*
ches nicht buchstäblich von Wichern bereits gesprochen wäre. Immer-
hin, er nimmt doch einen starken Eindruck mit. *Wir kauften*
dort Schriften und haben uns viel damit befasst.

Auch Herrnhut und die Brüdergemeine interessierten
Bitzius sehr. Er gesteht, dass diese Art von Gemeindeleben
ihn anziehe. Aber eines fehlt ihm, *das eigentlich volle Menschen-*
leben. Die wirkliche Bewährung werde eben *nicht in einem versu-*
chungslosen Stilleben, sondern im Kampf mit anders Gearteten er-
probt. Anerkennung und Vorbehalt verbinden sich in seinem
Urteil: *Es ist gut, dass es Herrnhuter gibt, sie lehren einem viel,*
wenn's aber lauter, oder nur übermässig viel solche Gemeinden gäbe,
dann stünde die Welt im Grossen und Ganzen nicht da, wo sie jetzt
steht.

Vierzig Jahre früher als Albert Bitzius hatte auch sein Vater, ebenfalls als Kandidat der Theologie, eine Reise nach
Deutschland unternommen. Sein Weg hatte ihn, von seinem
Studienort Göttingen aus, in den Norden Deutschlands ge-
führt bis nach Hamburg. Seine Eindrücke legte er in einem
interessanten Reisebericht nieder. Es ist aufschlussreich, diesen Bericht Gotthelfs mit den Aufzeichnungen des Sohnes zu
vergleichen, zumal sie teilweise die gleichen Orte aufgesucht
haben. Wir begnügen uns mit einem einzigen Hinweis. Auch
der ältere Albert Bitzius hatte einst eine Herrnhutergemeinde
besucht. Er schrieb damals: *Wir besahen Unterwegs eine Herrn-*
huter Gemeinde, in der mein Gefährte beinahe geblieben wäre, so wohl

gefiel es ihm; mir nicht weniger, nur der Entschluss liess mich wieder fort, euch zu Hause alle zu Herrnhutern zu machen, mein Koffer steckt voll ihrer Bücher.

Sowohl für Gotthelf wie für seinen Sohn bildete die Rückkehr vom Studienaufenthalt in Deutschland zugleich den Einstieg ins kirchliche Amt. Allerdings gelüstet es den Sohn vorläufig nocht nicht, so etwas wie ein Pfarrhausidyll zu erleben. An Henriette schreibt er darüber:

Auf dem Lande und in einem Landpfarrhause erzogen, giengen nicht alle deine Wünsche dahin, auch fürderhin ein solches Leben zu führen? Ich für meinen Theil kann diese Liebe für das stille, idyllische Landleben zwar nur begreifen und ehren, nicht theilen; was mich an einer Landpfrund besonders anzieht, sind die Obstbäume und wenn du mir erlauben willst, auch mit denen in Sumiswald Bekanntschaft zu machen, so kannst du sicher sein, dass meine Bruderliebe mich oft zu dir hinziehen wird.

Albert fügt dann entschuldigend hinzu: *In dieser Hinsicht bin ich immer noch ein wahrer «Waisenhäusler» von Burgdorf.*

Albert Bitzius als Pfarrer

Bevor Albert Bitzius seine erste Pfarrstelle im Jura antrat, wirkte er 1862 während kürzerer Zeit als Vikar des erkrankten Pfarrers Baumgartner in Nidau. Er übernahm nicht nur die Amtsaufgaben, sondern pflegte den kranken Kollegen, wie Henriette sagt, *mit der Liebe und Treue eines Sohnes.*

Er suchte schon hier am Anfang seines Wirkens den Kontakt mit der Bevölkerung. Er sagt, dass es gelte, sich im Volke einzuleben und zu zeigen, *dass nicht nur seine Thränen, sondern auch sein Lachen und seine würdige Lust in uns ein Echo erwecken.*

Gern hätte er mehr Kontakt gehabt mit jüngeren Kollegen. Er schreibt darüber: *Ich fühle den Mangel an Altersgenossen schmerzlich, komme fast wochenlang zu keinem theologischen Gespräch. Meine Predigten leiden darunter.*

Rückblickend auf seine verschiedenen Vikariate bemerkt er, dass diese ihm eine Wandlung in seiner Einstellung zu den Mitmenschen gebracht hätten. Gegenüber seiner Schwester Cécile äussert er sich: *Es ist halt doch schade, dass du nie Vikar gewesen bist, da hättest du eine mildere Anschauung vieler Personen, Verhältnisse bekommen.*

Im St. Immertal, 1863–1868

Bitzius hatte in seinem Amt die deutschsprachigen Reformierten des St. Immertales zu betreuen. Es war eine weit zerstreute Gemeinde von etwa 5000 Seelen. Bitzius hatte seinen Wohnsitz in Courtelary. Er musste aber abwechselnd auch in St. Immer, Corgémont, Tramelan und Renan predigen. Er legte in seiner Arbeit weite Strecken zurück, bis zu vier Stunden in einer Wegrichtung. Eisenbahnen gab es im Jura noch keine. Höchstens die Postkutsche konnte Bitzius gelegentlich benutzen. Zur Hauptsache legte er die weiten Wege zu Fuss zurück. Diese *Courses forcées* gehörten zu seinem Lebensstil. So legte er nach den Zusammenkünften mit seinen Amtsbrüdern in Biel die 24 km von Biel nach Courtelary in der Nacht zu Fuss zurück, oft auch bei Regen und Schneegestöber. Wenn

Leute diesem Wanderer begegneten, so vermuteten sie in ihm sicher nicht einen Pfarrer, eher einen deutschen Studenten oder einen Handwerksburschen, dies auch wegen des Käppchens, das er trug und das er als *Beruhigungsdeckel* bezeichnete. Er suchte den Kontakt mit der Bevölkerung auf ganz ungezwungene Weise, unterwegs während des gemeinsamen Wanderns, manchmal auch beim Gespräch im Wirtshaus, wobei er sich oft erst beim Abschiednehmen zu erkennen gab.

Sein Interesse für die Anliegen der Handwerksburschen und der Arbeiter trug ihm etwa die Bemerkung ein: *Ça sent le rouge*.

Albert Bitzius hatte sich im St. Immertal mit Menschen verschiedener Berufe zu befassen: mit Bauern, mit Handwerkern, dann aber auch mit den Uhrenarbeitern. In die Zeit seines Wirkens fiel eine jener Uhrenmacherkrisen, die sich im Jura immer wieder einstellen. Die Haltung der Arbeiter in dieser Krisenzeit bezeichnet Bitzius als ausgezeichnet. Kein Wunder, dass er sich viel mit Fragen der Armenfürsorge zu befassen hatte. Diese Arbeit verursachte ihm grosse Mühe. Er schreibt darüber: *Am mühsamsten sind immer meine Armengeschäfte, ich muss mich da oft gewaltig zusammennehmen, um nicht im Unmuth alles bei Seite zu werfen.*

Die Schwierigkeiten in der Armenfürsorge hatten zwei Gründe. Einerseits wurden sie verursacht durch Menschen, die kein Verständnis hatten für seine Pläne. Bitzius schwebte vor, die ganze Fürsorge im Tal unter der deutschsprachigen Bevölkerung zusammenzufassen und eine einheitliche Ordnung einzuführen. Aber da stiess er auf hartnäckigen Widerstand. Er klagt einmal: *In Armensachen werde ich auf eine unverantwortliche Weise maltraitiert.* Aber er liess sich nicht beirren: *All das ist eine treffliche, blutkühlende Schule. Aus mir wird gerade das, was Gott aus mir machen will, nicht mehr aber auch nicht weniger.* Gelegentlich brach dann aber der kämpferische Zug in ihm durch. So schreibt er einmal: *Wenn nächstens wieder eine wichtige Armenfrage zum Entscheid kommt, dann will ich aufs neue erproben, wer durchhaut, sie oder ich.*

Die Schwierigkeiten kamen aber noch von einer andern Seite, nämlich von den Hilfsbedürftigen selber. Er begegnete da oft der Ansicht: «Man muss mich ja unterstützen.» Dazu kam vielfach die Unzufriedenheit mit der erhaltenen Hilfe.

Enttäuscht stellt Bitzius fest: *Ich habe noch nie recht danken sehen.*

Bitzius begegnete, nicht nur in der Armenpflege, oft einem engen Geist. Das veranlasst ihn zu dem Stossseufzer: *O dass die weiten, freien Herzen auf Erden so selten sind, wie viel Böses würde verhütet, wie viel Gutes gestiftet.*

Es war aber nicht nur die Enge der Gesinnung, die Bitzius zu schaffen machte, sondern auch eine gewisse Nüchternheit, die seinem Wesen so ganz und gar nicht entsprach. Er stellt fest: *Was ich einzig hier vermisse, bei den meisten meiner Deutschen, das ist tieferes, religiöses Leben, es herrscht unter ihnen eine entsetzliche Nüchternheit und Dürre der Lebensanschauung. Arbeit, äusseres Schicksal, das ist alles. So wenig Poesie! O diese Prosa! Dieser Druck auf den Menschenseelen, welche das Menschenleben nur von dieser Seite ansehen.*

Bitzius befasste sich in Courtelary mit Fragen des öffentlichen und sozialen Lebens. Wie später, so suchte er auch hier die Anliegen, die ihn bewegten, einem weiteren Kreis darzulegen. So verfasste er eine eingehende Arbeit über das Thema: «Das Verhältnis der in der schweizerischen Gesetzgebung zu Tage tretenden Auffassung der Ehe zu den christlichen Ideen der letzteren». Diese Frage kam an der Versammlung der Schweizerischen Predigergesellschaft (Pfarrverein) 1867 in Glarus zur Sprache. Der Generalreferent bezeichnete die Arbeit von Bitzius als *ein sehr einlässliches und geistreiches Referat.* Bitzius wandte sich in seinen Ausführungen gegen die Ehehindernisse, welche durch die Verschiedenheit der kantonalen Ehegesetze entstanden. Zugleich betonte er, dass die Zivilehe die kirchliche Trauung nicht ersetzen könne.

Bei aller Vielgeschäftigkeit war Bitzius in der Anfangszeit in Courtelary doch recht einsam. Das entsprach aber nicht seiner Natur. Er suchte Kontakte. Er machte einem Lehrer namens Pfister den Vorschlag, zu ihm ins Pfarrhaus zu ziehen. Es entwickelte sich daraus eine schöne Freundschaft. Pfister legte über Bitzius einmal das Zeugnis ab: *Er schonte, so lange ich ihn kannte, andere immer viel zu sehr, sich selbst zu wenig.*

Ein Bedürfnis war es ihm, die Beziehungen zu seinen Angehörigen aufrechtzuerhalten. Vor allem war es ihm ein herzliches Anliegen, mit seiner Mutter in Verbindung zu bleiben.

Postkarte an die Mutter vom 9. März 1872 (mit Textausschnitt)

Seine Schwester Henriette gibt darüber eine anschauliche Schilderung:

Seit seinem ersten Vikariate bis an ihr Lebensende hatte Albert es sich zur Gewohnheit gemacht, ihr allwöchentlich zu schreiben. Mochte er wohl sein oder unwohl, viel oder wenig beschäftigt, das änderte kein Jota daran. Diese Briefe, kleine, mit seiner zierlich saubern Handschrift bedeckte Seiten, waren eigentliche Tagebücher. Seine Lehrblätze, seine Übereilungen, seine Schwärmereien, Alles vertraute er ihr mit jener rücksichtslosen Offenheit an, ohne die man sich sein Wesen gar nicht denken kann. Fand er durchaus keine Zeit zu einem Briefe, so trug eine Postkarte seine Geheimnisse durch die Welt. Zu ihrem grössten Schrecken erhielt die Mutter solche Karten mit der vertraulichen Mittheilung, dass ihr Sohn «auf dem Hund» sei.

Bildete dieser Briefwechsel eine der grössten Lebensfreuden, die ihr noch geblieben waren, so versetzte der persönliche Umgang mit ihm sie fast immer in nervöse Unruhe.

Die Mutter hatte eine fast krankhafte Scheu vor jeder Aufregung und hastigem Wesen. Der Sohn war stets in äusserer Unruhe und konnte nicht existieren, wenn nicht «etwas ging».

Kam er aus seiner Junggesellenwirtschaft heim in den mütterlichen Haushalt, so waren natürlicherweise eine Menge Dinge zu beschicken, seinen Hemden fehlten Knöpfe, für die zu flickenden Kleider Resten, die Mutter musste ihre Schränke durchstöbern, Lisebeth über Hals und Kopf zum Schneider springen, und während Alles herumlief, wünschte Albert Wasser, Seife und Handtuch für seine gewohnten orientalischen Abwaschungen, wie wir's nannten. Gab es einmal einen ruhigen Nachmittag, so stöberte er irgend einen längstvergessenen Bekannten auf, den er nothwendig aufsuchen musste. Wenn sein Besuch zu Ende war, so seufzte die Mutter erleichtert auf und freute sich doch wieder auf seinen nächsten Brief und sein nächstes Kommen.

Verlobung und Heirat

Als Jeremias Gotthelf als Vikar in Herzogenbuchsee lebte, schrieb er eine kleine launige Betrachtung: «Heiratssorgen des Landpfarrers». Er schildert, wie der junge ledige Pfarrer all den Bekannten und Verwandten ein Dorn im Auge sei und wie sie angerannt kämen mit dem Vorschlag: «Höre, ich wüsste dir eine, die wie gemacht wäre für dich.»

Ida Ammann in ihrer Brautzeit

Ähnlich ging es auch Gotthelfs Sohn Albert. An Ratschlä-
gen fehlte es auch für ihn nicht. Er ging aber in dieser Frage
bewusst seinen eigenen Weg. Nach einem Besuch bei seinem
Freunde Vögelin und dessen Gattin in Uster schrieb er:

*Du hast Recht: mein Besuch in Uster hat mir einen tüchtigen Stoss
Heirathwärts gegeben. Schon ganz im Allgemeinen: Der Anblick eines
solchen Frauelis in deinem Haus und an deiner Seite zog gelinde gesagt das Wasser im Munde zusammen. Dann aber noch im Besondern: In mir rang schon seit längerer Zeit auch in dieser Beziehung
Tradition und Revolution miteinander – ich habe Jahre gebraucht, um
mich in politischer, religiöser und gemüthlicher Beziehung von der
Tradition loszureissen, noch aber hatte sie eine feste Burg, in dem sonst
vom Feind überall envahirten und occupirten Gebiet – das war das
Heirathen – in dieser Beziehung wiederholte die Tradition immer und
immer wieder: nimm eine Pfarrerstochter und eine Bernburgerin –
schickt sich so gut, bequem, Familiensitte! etc. Wäre ich da, wo man so
gerne schwach wird, schwach geworden, dann Adieu alle meine Er-
rungenschaften auf andern Gebieten. Nun aber bin ich hoffentlich ganz
aus dem Zauberkreis und Bann heraus und da habe ich denn wirklich
Deiner Häuslichkeit und Deiner Gattin viel zu verdanken.*

Albert Bitzius wählte eine Arzttochter aus der Ostschweiz,
Ida Ammann aus Egelshofen im Kanton Thurgau. Die Bekanntschaft hatte sich wie von selber ergeben. Ida Ammann
weilte bei einer Cousine in Courtelary zu Besuch, und so lern-
ten die beiden sich kennen. Was Albert Bitzius an Ida Amman
anzog, das hat er in einem Brief an Cécile und ihren Mann
ausgesprochen: *Sie ist ein reines, natürliches Wesen, mit dem dé-
vouement, das für mich bei jeder Frau das erste Erfordernis ist. Dazu
ist Ida aufrichtig fromm, nicht just in prätentiöser Weise, aber in um so
wohltuenderer. Kurz ich bin glücklich.*

Wenn man allerdings die Briefe von Albert Bitzius an seine
Braut liest, so bekommt man den Eindruck, dass er zuweilen
Gefahr lief, sich den Weg zu diesem Glück zu verbauen oder
wenigstens zu erschweren. Grund dazu war seine unbedingte
Offenheit und Gewissenhaftigkeit. Er bittet Ida, in ihm kein
Vorbild zu sehen und keine übertriebenen Erwartungen zu
hegen: *Sieh in mir keine leibhafte Geduld, Sanftmuth, sondern einen
einfachen, schlichten Menschen, der erst noch werden muss, der etwas
werden möchte in deiner Gemeinschaft, der dir die Hand reicht, damit*

wir beide, gegenseitig uns stützend, leichter gehen den schmalen, schweren Weg, von unten herauf nach oben zu.

Ja, es ist ein recht schwerer Weg, den Albert Bitzius in Aussicht stellt: *Eigenheiten meines Wesens wirst du zu tragen haben, wirst sie tragen können nur dann, wenn du mich liebst, zu meinem Kern Vertrauen hast, sonst nicht ... Endlich wartet deiner auch ein Pfarramt, ein ebenso bescheidenes wie schweres Pfarramt, es warten deiner alle Anforderungen an eine Pfarrfrau, deren Hingebung an die Armen und Geringen, deren Treue in Erfüllung religiöser Pflichten, deren Selbstvergessenheit in der Ausübung der Mildthätigkeit.*

Wenn Bitzius dies alles aufführt, so tut er es aus einem tiefen Gefühl der Verantwortung heraus. Er möchte in keiner Weise bei seiner Braut Erwartungen wecken, die sich dann nicht erfüllen würden. Dabei setzt er alles aufs Spiel: *Ich begreife vollkommen, wenn du hierauf nicht eingehen magst, aber ich will lieber auch dieses tragen, als je mir vorwerfen zu müssen, ich sei gegen dich nicht ganz wahr, aufrichtig gewesen.*

Wie stark muss die Liebe dieser Braut gewesen sein, dass sie auch die Probe fast schroffer Offenheit bestand!

Dabei war es so, dass Albert Bitzius von seiner künftigen Lebensgefährtin nicht nur Hilfe in Haus und Amt erwartete. Er erhoffte vielmehr eine tiefe Bereicherung seines Lebens. Er sagt einmal in einem Brief an seine Schwester Cécile, dass es der Frau gegeben sei, *als eine Botin des Friedens, der Liebe, der Milde, der Weitherzigkeit dem Manne zur Seite zu treten, damit er sein Herz offen erhalte über dem Schlamm der Streitigkeiten, die Freude am alltäglichen Beruf sich wahre, mit leuchtenden Augen hinausschaue in eine bessere Zeit.*

Während einiger Zeit schien ihm der Gesundheitszustand seiner Braut den Verzicht auf die Eheschliessung nahezulegen. Er schrieb im Oktober 1865 an F. S. Vögelin: *Hatte mich bereits mit dem Mantel der Resignation drapiert, eine heroische Miene angenommen. Dennoch kam mir die Situation mehr als fatal vor.* Glücklicherweise zerstreute sich diese Sorge.

Immer wieder sehnte er sich nach den Nachrichten, die seine Braut ihm zukommen liess. Jeder Brief wurde sehnlich erwartet und umgehend beantwortet. Kurze Besuche waren bei der weiten Entfernung nicht möglich. Längere Besuche kamen selten in Frage. Auch da trat Bitzius seine strenge Amtsauffassung gelegentlich hemmend in den Weg.

Einmal plante er eine längere Reise: Besuch bei seiner Braut in Egelshofen, dann gemeinsame Besuche in Aarau und hernach Vorsprache bei Mutter und Schwester und deren Familie in Sumiswald. Aber in diese Zeit fiel die Predigt in Renan, die Bitzius immer auch Gelegenheit zum Kontakt mit der Gemeinde in diesem entlegenen Bezirk gab. Er sucht nach einem Ausweg und schreibt an Ida: *Siehe, es wäre mir ja in jeder Beziehung viel bequemer gelegen, einfach den Helfer hinauf zu senden als von Aarau nach Renan und von da wieder nach Aarau zu jagen, so glaube mir denn, ich thue das Letztere, weil ich es für meine Pflicht erachte. Verzeih den Amtsgedanken!*

In diesem Zusammenhang gesteht Albert seiner Braut: *Es geht mir bereits bei meinen kurzen Besuchen in Sumiswald so, und so recht wohl ist mir erst, wenn ich wieder mitten unter meinen Amtsgeschäften sitze. Ich war schon als Student derselbe.*

Ein andermal – Neujahr 1867 – hoffte Ida auf den Besuch von Albert, sollte es doch das letztemal sein, dass sie Neujahr zu Hause verbrachte. Aber wieder steht Albert im Streit zwischen Pflicht und Neigung. Die erstere geht vor: *Es thut mir herzlich leid, deinen Wunsch in Betreff des Neujahrs nicht erfüllen zu können ... am Neujahr für mich predigen lassen? ich mag das Jahr schon nicht so anfangen. Eine Hoffnung bleibt aber: Das Neujahr 1868 feiern wir ja dann, so Gott will, miteinander.*

Und so nahte die Zeit, wo all diese Probleme, welche die Verlobungszeit gebracht hatte, sich lösen sollten.

Noch fiel es Ida Ammann nicht leicht, sich vom Elternhaus und ihrer Umwelt zu trennen. Albert hat dafür volles Verständnis: *Der Abschied von deinem Dörfchen thut dir schon jetzt weh, das begreife ich vollkommen, würdige ich und nehme es nicht im Mindesten übel.*

Zu einer Bemerkung von Ida macht Albert aber ein Fragezeichen. Sie hatte geschrieben: *Die Männer können sich ihr Leben viel mehr gestalten.* Fast ungestüm fällt die Antwort aus: *Das Leben selber gestalten! ja so sehr, dass ich seit meinem 8. Jahr vom Vaterhause weg bin, auf allen möglichen Schulen, Vikariaten herumgeschleppt worden bin, seit Lützelflüh jetzt schon den siebenten Ort bewohne.*

Auch Bitzius kannte ein Stück unbewältigter Vergangenheit. Aber all dies verblasste am Tag, an dem Albert Bitzius seine Braut zu sich holen durfte. Sein Freund Hans Balmer begleitete ihn auf dieser Fahrt. Durch Balmers Erinnerungen steht dieser Tag deutlich vor uns:

Es war an einem wunderschönen Maitag 1867, da wir durch den in voller Blüthe prangenden Aargau über Zürich nach Romanshorn fuhren, die Braut zu holen. Im Hause des Herrn Divisionsarztes Ammann wurden wir von der Braut, Fräulein Ida Ammann aufs liebenswürdigste empfangen. Die Ehe wurde in Egelshofen eingesegnet, und nachher fuhr man auf einem Umweg nach dem nahen Konstanz, wo das ernst-fröhliche, durch Geist, ostschweizerischen Witz, Toaste, Gesänge und rührende Abschiedsworte gewürzte Hochzeitmahl stattfand.

Ungefähr während eines Jahres blieben die beiden in Courtelary. Es waren einfache Verhältnisse, in denen sie lebten. Den Vorschlag seiner Mutter auf Herausgabe eines Anteils am väterlichen Erbe lehnte Albert ab. Er erklärte: *Mir scheint es viel hübscher auf eigenen Füssen anzufangen, wär's auch unter Einschränkungen.* Ida gestaltete ihr Haus nach ihren Wünschen. Albert behielt aber noch ein kleines Reich für sich: sein Studierzimmer. Das war ihm wichtig. Schon in einem Brief an seine Braut hatte er dazu bemerkt: *... zu einem Studierzimmer gehört ein Bischen Himmel, ein Bischen Sonne, ein Bischen Aussicht; ist das Studierzimmer von Unsereinem nicht wenigstens erträglich, so hat das zur Folge, dass wir uns zu Hause nicht daheim fühlen, jede Gelegenheit benutzen, um ausser dem Hause unsere Erholung zu suchen. Es giebt allerdings Frauen, welche meinen, je unbequemer sie ihren Männern ihr Alleinsein machen, desto mehr würden diese dann zu ihnen herüberkommen, bei ihnen sein, allein am allermeisten verrechnen sie sich, und gesetzt auch, es gehe ihr Wunsch in Erfüllung, so haben sie in diesem Fall an ihren Männern griesgrämige Topfgucker, die ihre Pflicht nicht thun, welche die Frauen nicht achten können.*

Mitten in dieses ruhige Jahr eines Neuanfanges fiel ein schmerzliches Ereignis. Albert Bitzius wurde an das Krankenlager seines Schwagers Ludwig Rüetschi nach Sumiswald gerufen. Diesem war dort seit 1855 zusammen mit seiner Gattin Henriette, geb. Bitzius, ein glückliches Familienleben geschenkt gewesen. Nun erkrankte er schwer. Albert eilte nach Sumiswald, um dem Kranken, seiner Schwester und der betagten Mutter Bitzius beizustehen. In den Briefen, die Albert von Sumiswald aus an seine Gattin Ida nach Courtelary schrieb, spiegeln sich die Ereignisse jener Tage wider. So schrieb Albert am 18. Juni 1867:

Nebenan stöhnt Ludi. Ich wache ihm dann von Mitternacht weg. Bis dorthin sein Bruder, der Dekan von Kirchberg. Jetti ist recht erträglich, sehr gefasst. Weder sie, noch Mutter hat grosse Hoffnung. Ludi kann und darf wenig sprechen, scheint des Todes gewärtig.

Ein am nächsten Tag geschriebener Brief bestätigt den Tod von Ludwig Rüetschi. Albert erwähnt noch, dass am Beerdigungstage auch das jüngste (sechste) Kind getauft werde.

Am folgenden Tag schreibt Albert dann: *Bis jetzt Alles in Ordnung. Allgemeine Theilnahme ausserordentlich gross. Wenn du diesen Brief erhältst, ist das Begräbnis 11½ vorbei (!) (Ersorge es sehr). Vorgesetzte haben ein Auge auf mich geworfen und werden beim Leichenmahle Schritte bei mir tun. Darüber dann mündlich. Ich werde dir alles Für und Wider darlegen und den Rest deiner Entscheidung anheimgeben.*

Es kam nicht zu einer eigentlichen Berufung, sondern man erwartete von Bitzius eine Anmeldung. Dieser verzichtete aber darauf. Mutter Bitzius schrieb dann am 23. Juli an Albert: *Wir wollen in dieser Nichtaufforderung ganz ruhig eine Fügung Gottes erkennen und uns gedulden, bis er Euch ein geeigneteres Plätzchen finden lässt.*

Dieses geeignetere Plätzchen liess gar nicht lange auf sich warten. Gegen Ende des Jahres erhielt Bitzius eine Berufung an die Gemeinde Twann am Bielersee.

Sein Freund Balmer weilte gerade im Pfarrhaus von Courtelary, als die Abgeordneten aus Twann mit ihrem Anliegen vorsprachen. Balmer erwähnt: *Nach einer kaum ¼-stündigen Berathung mit seiner Frau sagte Bitzius zu.* Es war vor allem ein Grund, der ihn bei seinem Entschluss leitete: die unruhigen Sonntage mit ihrem mehrfachen Predigtdienst und den dadurch bedingten langen Abwesenheiten von seinem Hause. Seine Eilmärsche durfte er seiner Gattin nicht zumuten. So schied Albert Bitzius nach etwas mehr als vier Jahren von seiner ersten Gemeinde. Die Jahre in Courtelary bildeten einen wichtigen Abschnitt in seinem Leben, besonders auch für seine Beschäftigung mit der sozialen Frage.

Die zehn Jahre (1868–1878), welche Albert Bitzius in Twann verbrachte, waren für sein persönliches Leben und sein Wirken von ganz besonderer Bedeutung. Vorerst einmal im Blick auf

seine Familie

Hier wurden die sechs Kinder (fünf Mädchen und ein Sohn) geboren.

Durch zwei Augenzeugen lassen wir uns schildern, wie sich das glückliche Familienleben im Pfarrhaus zu Twann gestaltete.

Der erste Bericht stammt von Henriette, der Schwester von Albert Bitzius. Nach dem Tode ihres Gatten Ludwig Rüetschi war sie zusammen mit Mutter Bitzius nach Bern gezogen. In den nun folgenden Jahren war ihr der Bruder und sein Haus eine wahre Zufluchtsstätte. Sie schreibt:

Sein gastliches Haus war jedem Besucher offen; meine verwaisten Kinder und ich fanden dort eine zweite Heimat. Unvergessliche Stunden brachten wir in der Laube am See zu; der Hausherr sprühend von Geist und Leben, die Hausfrau emsig bemüht, mit Aufopferung der eigenen Bequemlichkeit, es ihren Gästen behaglich zu machen, die hoffnungsvollen Kinder «wie Ölzweige um ihren Tisch her». Jene Jahre im lieben Twann, das war wohl die glücklichste Zeit im Leben meines Bruders.

Die zweite Schilderung gibt uns Hans Balmer. Er erzählt:

Wer den Weg aus einiger Entfernung unter die Füsse genommen hatte und in Twann angekommen, den Glockenzug am steinernen Hause in der Hand, noch etwas verschnaufte, dem klang's wie froher Gruss, wenn bis vors Portal das helle Lachen ertönte und im Garten unter grünenden oder blühenden Bäumen eine muntere Gesellschaft fröhlicher Kinder, den glücklich mitspielenden Vater in der Mitte, ihn empfing.

Wichtig war es Albert, die Verbindung zu seiner Mutter und zu den beiden Schwestern aufrechtzuerhalten und zu pflegen. Für seine Mutter blieb er der «vortreffliche Sohn», wie sie ihn einmal bezeichnet hatte. Bis zu ihrem Tode im Jahre 1872 lebte Henriette Bitzius-Zeender zurückgezogen in einem «Stöckli» im Wankdorf bei Bern. Seine Verrichtungen in Bern gaben Albert oft Gelegenheit, die Mutter zu besuchen.

Seine Schwester Henriette hatte in Albert einen guten Berater für alle die Sorgen und Fragen, die ihr als Witwe mit sechs Kindern zu schaffen machten.

Auch mit der jüngeren Schwester Cécile und ihrem Gatten, Pfarrer Albert von Rütte, blieb Albert Bitzius in ständigem Kontakt. Die beiden Eheleute von Rütte lebten zuerst in Saanen und – nach einer Zwischenzeit in Yverdon – in Radelfingen bei Aarberg. Viele der Briefe, die Albert nach Saanen und Radelfingen schrieb, zeigen, wie er auch an ihren Anliegen brüderlichen Anteil nahm. Aber eines ist für Bitzius bezeichnend: Genau gleich wie einst gegenüber seiner Braut kommt ihm sein Arbeitseifer und seine Gewissenhaftigkeit in die Quere, wenn es darum ging, sich zu einem Besuch aufzuraffen. So schreibt er einmal an Cécile nach Saanen, dass er nicht zur Taufe ihres Kindleins kommen könne, da er zu sehr beschäftigt sei. Später schreibt er nach Radelfingen: *Ich kann nun einmal ohne Verletzung irgend einer Pflicht, ohne Verlust kostbarer Zeit, nicht einen Tag oder mehr loskommen oder der Freundschaft pflegen.*

Wenn aber einmal eine eigentliche Familienzusammenkunft möglich wurde, so war dies ein besonderes Fest. Von einer solchen berichtet Henriette aus den späteren Jahren, als in der bekränzten Laube des Pfarrhauses von Radelfingen die silberne Hochzeit der Pfarrleute von Rütte gefeiert wurde. Die Mutter war nicht mehr unter ihnen, aber als etwas ganz Besonderes erwähnt Henriette, dass Albert ein hübsches berndeutsches Gedicht der Mutter vorgetragen habe. Es ist das einzige Mal, dass erwähnt wird, dass auch die Mutter Bitzius sich dichterisch betätigt habe.

Zu seinem Schwager Albert von Rütte hatte Albert Bitzius ein sehr gutes Verhältnis. Die beiden Schwäger betreuten, im Anfang noch in Verbindung mit der Mutter, die weitere Herausgabe der Werke Gotthelfs, vor allem die Gesamtausgabe seiner Schriften. Das bedeutete auch finanzielle Verhandlungen, die oft, wie schon zwischen Gotthelf und Springer, recht mühsam waren. Albert betont zwar, dass Springer, es ging nun schon um den Sohn des früheren Verlegers, an Gotthelf

Blick auf die Kirche von Twann

nicht viel verdiene. Etwas pessimistisch fügt er bei: *Jeremias Gotthelf wird nicht mehr viel gelesen.*

Auf alle Fälle befassten sich die beiden Schwiegersöhne Gotthelfs immer wieder mit Fragen, die mit seinem Werk in Zusammenhang standen. Albert von Rütte kommt das Verdienst zu, 1858 – vier Jahre nach Gotthelfs Tod – ein Wörterbuch herausgegeben zu haben unter dem Titel: «Erklärung der schwierigen dialektischen Ausdrücke in Jeremias Gotthelfs (Albert Bitzius) gesammelten Schriften. Zusammengestellt von Albert von Rütte, Pfarrer, Berlin 1858, Verlag von Julius Springer».

Im Wörterbuch zu den Werken von Jeremias Gotthelf (Rentsch-Verlag, Zürich 1972) weist die Verfasserin, Bee Juker, ausdrücklich auf die Arbeit von Albert von Rütte hin.

Interessant ist, dass Henriette Rüetschi daran dachte, Gotthelfs «Anne Bäbi Jowäger» ins Berndeutsche zu übertragen. Albert riet von dem Vorhaben ab. Es wäre dies nach seiner Ansicht *doch wohl ein zu tiefer Eingriff in fremdes, geistiges Eigentum* gewesen.

Eine persönliche Begegnung des Verlegers Springer mit der Familie Gotthelfs wäre möglich gewesen anlässlich eines Besuches Springers in der Schweiz. Albert wollte dies ermöglichen, gewissermassen als Wiederholung des seinerzeitigen Besuches von J. Springer, sen., in Lützelflüh bei Gotthelf. Dieser Besuch wäre aber gerade in die Zeit gefallen, als die Mutter zusammen mit Henriette sich anschickte, von Sumiswald nach Bern umzuziehen. Zu ihrem grossen Bedauern musste sie den Eifer ihres Sohnes dämpfen. Sie schreibt ihm: *Wo hattest du nur deine Gedanken, lieber Albert, mitten in diesen Wirrwar hinein Gäste einzuladen und dazu noch welche Gäste. Ist es, ohne die mir lieben Springer zu beleidigen, möglich, so mache die Sache schnell rückgängig und fasse ins Auge wie wenig geeignet unsere gegenwärtige Lage zu Besuchern geeignet ist, und wie übel die Springers es treffen könnten.*

Die Mutter bedauert diese durch die Umstände bedingte Absage um so mehr, als sie sich gegenüber der Familie Springer zu Dank verpflichtet weiss. Sie ruft dies Albert in Erinnerung: *Ich vergesse den Leuten nie wie freundlich sie dich in Berlin aufnahmen.*

Der Besuch konnte dann etwas später im Wankdorf nachgeholt werden. Die Mutter hatte von Springer junior einen sehr guten Eindruck. Sie teilt das Urteil von Albert: *In Beziehung auf Springer muss ich dir beistimmen, dass der Sohn nobler ist.* Sie unterlässt es auch nicht, das Urteil Springers über Albert und seine Familie weiterzugeben: *Er rühmte dich, Ida, die Kleinen, Twann. Von dir sagte Springer treffend du seyest hart mit dem Verstande und weich mit dem Gemüthe.*

Im Briefwechsel zwischen Albert Bitzius und seinen Angehörigen kommen auch allerlei persönlich-familiäre Anliegen zur Sprache. Oft ist die Rede von Krankheit, die im Pfarrhaus zu Twann einkehrte. *Wir haben ein Kinderspital diesen Winter,* kann es einmal heissen. Auch die Gesundheit der Hausfrau war nicht allen Ansprüchen, die an sie herantraten, gewachsen. Wenn Bitzius selber auch mit allerlei Störungen seiner Gesundheit zu kämpfen hatte, so lag der Grund wenigstens zum Teil in der Tatsache, von der seine Gattin an Cécile schreibt: *Albert arbeitet nach allen Richtungen hin ganz unvernünftig.* Um so mehr wären gute Hilfskräfte nötig gewesen. Aber es gab, wie einst im Pfarrhaus in Lützelflüh, allerlei Dienstbotennöte. Äusserungen wie *Ida ist wieder magdlos* oder *Die Magd geht mit den Schwalben heimwärts* reden von diesen Schwierigkeiten.

Dazu kommen auch finanzielle Sorgen. Bitzius klagt einmal, dass neben den Kosten des grossen Haushaltes auch gesellschaftliche Verpflichtungen die Mittel beanspruchten. Er bedauert dies um so mehr, als er mehr Geld für die Unglücklichen erübrigen möchte. Gelegentlich hilft die Mutter einen Engpass zu überwinden. Aber manchmal muss auch sie zu ihrem Bedauern absagen: *Habe leider kein vorräthiges Geld bis Anfang Aprils. Eure Verlegenheit thut mir herzlich leid, lieber Albert.* Um so eindrücklicher ist es, dass Bitzius nicht daran dachte, von seiten der Gemeinde irgendeine Verbesserung seiner finanziellen Lage zu erhoffen oder zu erbitten. Im Gegenteil. Als die Gemeinde ihm eine Zulage von 300 Franken anbot, lehnte er dankend ab. In einem Brief an Henriette bemerkt er dazu: *Diese Zulage hätte den ersten Nagel zum Sarge meiner hiesigen Wirksamkeit geschlagen.*

Im Briefwechsel zwischen den beiden Schwägern kommen auch theologische und kirchenpolitische Probleme zur Sprache. Die beiden standen nicht im gleichen Lager, Bitzius nach links, von Rütte nach rechts orientiert. Aber diese sachlichen Differenzen trübten ihr ausgezeichnetes Verhältnis in keiner Weise.

Neben den Problemen familiärer und beruflicher Art, neben der gemeinsamen Arbeit am Nachlass Gotthelfs, verbanden sie manchmal auch äussere Realitäten. Sie tauschten gewissermassen Landesprodukte aus. So fällt etwas von der Weinernte in Twann auch für den Schwager in Radelfingen ab: *Sobald der Leset vorbei, schicken wir ein etwa 10 Maass oder etwas weniger haltendes Fässchen.* Umgekehrt darf Albert auch eine Gegengabe aus dem Kirschenland am Frienisberg erwarten: *Schickt das Kirschwasser ganz nach eurem Gutfinden. Zahlung bald möglichst, doch kaum vor Weihnacht, zugleich mit den Fr. 98 von Springer.*

Bei aller Beschäftigung mit den Anliegen der eigenen Familie schloss sich Albert Bitzius nicht von der Umwelt ab. Sein Pfarrhaus hatte eine

offene Türe

Es ging ihm wie einst in Lützelflüh seinem Vater. Je mehr Bitzius bekannt wurde, desto häufiger wurde er von Besuchern aufgesucht. Willig widmete er ihnen seine Zeit. Er folgte dem Rat seines Vaters, dass es gelte, ruhig zuzuhören. Er musste dann allerdings oft seine Arbeit in der Nacht oder in den frühen Morgenstunden nachholen. Dies gehörte auch zu seinem Lebensrhythmus.

Manche seiner Besucher waren beeindruckt von seinem klaren, leuchtenden Auge. Gleiches hatte einst Henriette von ihrem Vater erwähnt. Sie spricht von seinem *flammenden Blick.*

Wie Albert Bitzius auf andere Menschen wirkte, darüber besitzen wir das Zeugnis zweier seiner Freunde. Der eine ist Hans Blum. In seinem historischen Roman «Herzog Bernhard» kommt Albert Bitzius vor unter dem Namen Walter Helvetikus. Es heisst da von ihm: *Klar und tief schaute das forschende blaue Auge ... den feingeschnittenen Mund umspielte stetig – heiteres Lächeln.*

Ida Bitzius-Ammann

Der andere Augenzeuge ist Hans Balmer. In seiner Biographie von Albert Bitzius schildert Balmer wie ein junger Mann an die Türe des Pfarrhauses von Twann anklopft. Was Balmer diesen Jüngling erleben lässt, ist seine eigene Geschichte. Der junge Besucher war umgetrieben von allerlei Fragen im Blick auf seinen Weg. Diese wollte er Bitzius vorlegen. Über seinen Eindruck erzählt Balmer: *Die Thür öffnete sich. «Was weit er (was wollt Ihr)?» wurde gefragt, freundlich, aber kurz. Eine gestotterte Antwort, die Thüre schloss sich, eine Treppe emporgestolpert und da stand Fritz vor seinem selbstbestellten Richter. Augen blickten ihn an so warm und treuherzig lächelnd, wie draussen der blaue See, und um den Mund zuckte ein Lächeln, das Muth gab und nicht frostig die Seele berührt und das Wort zurückdrängt.*

Allerdings ist der Jüngling in einem Irrtum befangen. Er meint in diesem Pfarrer, Albert Bitzius dem Schriftsteller Jeremias Gotthelf, zu begegnen. Aber nachdem sich die Situation geklärt hat, gesteht er: *ganz ähnlich hatte er sich den Vater des Sprechenden im Umgang vorgestellt.*

Der junge Mann kommt in die weite Welt hinaus. Hocherfreut ist er, dass auf seinen Brief aus dem Süden Amerikas eine freundliche Antwort aus Twann ihn erreicht. Zurückgekehrt, sucht er seinen väterlichen Berater wieder auf. Wir hören darüber: *Der erste Gang führte den Schüler zu seinem Meister. Nur ein Blick aus den leuchtenden Augen und dieser rief: «Das ist ja der Verlorengeglaubte.»*

Durch die gleiche Türe, durch die Bitzius die Menschen eintreten hiess, ging er auch zu ihnen hinaus. An dem, was seine Mitmenschen bewegte, nahm er herzlichen Anteil. Er war für die anderen einfach da. Er konnte auch einmal seine Nachtruhe opfern, um am Bett eines Kranken zu wachen. Was ihm in solchen stillen Nächten aufging, das gab er am nächsten Sonntag seinen Predigthörern weiter. Manche von ihnen hatten auch bei Kranken gewacht, denn es ging, besonders bei den Kindern, eine böse Seuche durch die Gemeinde. Und nun merkten sie sicher auf, wenn ihr Pfarrer zu ihnen sprach von *heilsamen Gedanken der einsamen Krankenwacht.* Sie vernahmen da: *Das sind lange und bange Stunden schon des Tages, geschweige denn des Nachts. Viel zieht da durch Kopf und Gemüt. Doch so schwer diese Stunden sind, so gesegnet sind sie auch. Leiden lindern, dem Tod in's Angesicht schauen und dazwischen seinen eigenen*

Gedanken nachhängen, über das Menschenleben und die Wege Gottes nachsinnen – das heisst auch arbeiten, arbeiten für seine Seele und an seiner Seele.

Die Predigt klingt aus in die Worte: *Mein Zuhörer! Wenn auf deiner Krankenwacht solche Gedanken durch deine Seele gegangen sind, dann achte ich, die Krankenstube daheim sei für dich zur Kirche geworden und selbe Stunde zum Gottesdienst.*

Und damit stehen wir vor einem weiteren, wichtigen Teil seines Wirkens.

Der Prediger

Sonntag für Sonntag stand Bitzius auf seiner Kanzel. Von der harten Arbeit, die der Verkündigung vorausging, sagt Henriette: *Seine Predigten waren ein Gegenstand seiner besondern, fast ängstlichen Aufmerksamkeit; fand er, wie dies öfters geschah, am Samstag keine Zeit dazu, so nahm er die Nacht zu Hülfe und der grauende Sonntag Morgen fand ihn noch angekleidet am Schreibtische.*

Der Gedanke, dass die oft geringe Zahl von Zuhörern den Aufwand nicht lohne, wies er von sich. Er sagt darüber:

Ich empfange jeden Samstag auf meiner Stube zwei Besuche, den ersten macht mir der Satan, den zweiten der Herr Jesus. Der schadenfrohe und giftige Satan sagt: es ist morgen wieder alles mögliche los in Twann und Biel, plag dich nicht für die Handvoll Leute, die zur Kirche kommen! Ich kehre ihm den Rücken. Dann kommt der rechte Herr und sagt zu mir: Bitzi, Du weisst, dass ich auch nicht viel Leute zusammenbrachte, es sind zuletzt noch ihrer wenige gewesen, aber den Wenigen gab ich mein Herz und mein ganzes Leben! Dann schaue ich dem Herrn in die Augen und verspreche ihm, es auch so zu machen.

Bitzius dachte nie an eine Veröffentlichung seiner Predigten. Dass es doch dazu kam, verdanken wir dreien seiner Freunde: E. Hegg, Gymnasiallehrer in Bern, Prof. Eduard Langhans in Bern und Dr. Hans Balmer, dem Verfasser eines Lebensbildes von Bitzius. Sie entdeckten nach dem Tode von Albert Bitzius unter dem Umzugsgut eine Kiste mit über 1200 sorgfältig ausgearbeiteten Predigtmanuskripten und sorgten für deren Drucklegung. Die Predigten fanden in der Schweiz und in Deutschland rasch grosse Beachtung. Der deutsche Theologe Rudolf Otto hat Bitzius als den grössten und originellsten Prediger der Schweiz im 19. Jahrhundert bezeichnet.

Was zeichnet die Predigten von Bitzius aus? Vorerst die schlichte, klare Sprache. Während seiner Studienzeit schrieb er nach dem Anhören einer phrasenhaften Predigt: *Habe mir das Wort gegeben, fortan nur ganz einfach zu predigen.* Diesem Vorsatz ist er treu geblieben.

Ein zweites Merkmal seiner Predigten sind ihre grosse Lebensnähe. Man wird durch sie ins Bild gesetzt über das, was zu seiner Zeit in der Nähe und in der Ferne geschah.

So findet zum Beispiel die Tatsache, dass Bitzius in einem Winzerdorf lebt, ihren Niederschlag in seinen Predigten. Die Titel lauten etwa: «Die innere Frucht der Weinlese», «Weinlese und Religion», «Das Tagewerk des Winzers». Besondere Ereignisse veranlassen Bitzius zu Gelegenheitspredigten, so etwa über «Scharlach und Brandunglück», «Bieler Selbstmorde», «Feuersbrunst und Gebet».

Nicht nur ernste Ereignisse bringt Bitzius auf der Kanzel zur Sprache. Er kennt das Weinen mit den Weinenden und das Sich-Freuen mit den Fröhlichen. Anlässlich eines Sängertages spricht er über *das ächte Volksfest.* Bezeichnend ist, wie er seine Festpredigt ausklingen lässt. Er fordert auf, ein Doppeltes von diesem Tag mitzunehmen: *Ein Leben von ganzem Herzen mit deiner Ortschaft und deinem ganzen Volk, aber mitten in diesem Gewühl doch zugleich auch wieder mit dir allein, in stiller Heiligung, frei von Menschenknechtschaft, in deinem Gott verborgen.*

So kam in seinen Predigten das volle Menschenleben zur Sprache, alles sub specie aeternitatis, im Lichte der Ewigkeit. Bitzius hatte ein feines Ohr für das Vergehen der Zeit. So spricht er in seiner Predigt über die neue Turmuhr:

Es klingt aus den Schlägen der Glocke wieder hervor wie eine Stimme von oben, wie eine Predigt voll Trost. Es schlägt elf: alles schläft, aber wie es zu schlagen beginnt, ist man nicht mehr so ganz allein, es gibt ja noch Einen über uns, einen Hüter Israels, der nicht schläft, noch schlummert. Jetzt hallt die Glocke Mitternacht, das schlägt so fest und sicher in die Finsternis hinaus, und aus Furcht und Sorge und Schmerz zieht es dein Herz überwärts zu Gott; da drunten ist nichts sicher und fest, aber er ist der Fels, da ruhest du sicher, wirfst deine Sorge ab und vergissest dein Leid. Horch, ein Schlag – schon eins – du hast lange gebetet, es wird wohl gehen, mit dem Herrn fang alles an. Zwei – es geht dem Tag entgegen, schöpfe frischen Mut. Drei – da senkt ein milder Schlaf sich auf deine brennenden Lider, löst deine Glieder, hüllt dich in süsses Vergessen ein und führt neue Kraft dir zu. Wenn du so eine Nacht durchgemacht, dann weisst du erst, wie es vom Turme schlägt und was alles darin liegt.

Verschiedene Predigten von Albert Bitzius handeln von der religiösen Bedeutung der Schule. Wie einst sein Vater, so hielt auch er regelmässig zum Beginn der Winterschule besondere Schulpredigten. Eine dieser Predigten spricht ein Anliegen aus, das ihm wie einst Gotthelf wichtig war: «Die Erziehung in Schule und Haus».

Die Einsicht «Im Hause muss beginnen ...» bewog Bitzius zu besondern Predigten über den christlichen Hausstand. Interessanterweise handelt erst die zweite dieser Hausstandpredigten von der Gründung des Hausstandes. Die erste steht unter dem Thema: «Die Flegeljahre». Bitzius betont die Wichtigkeit der Jahre von 16 bis 26. Sie sind nach seinem Urteil *die wichtige Zeit, in der wir Menschen zu unserm spätern Leben Grund und Fundament legen.*

Wichtige politische Ereignisse kommen bei Bitzius auf der Kanzel zur Sprache. So setzt er sich nachdrücklich ein für das neue Fabrikgesetz. Er tat dies auf politischer Ebene, aber auch auf der Kanzel. So steht eine seiner Predigten unter dem Motto: «Das Fabrikgesetz ein Stück Gottesreich für die Arbeiterfamilie». Bitzius predigt auch über die religiöse Bedeutung der neuen Bundesverfassung. Wenn er sich auch nicht scheut, politische Fragen auf der Kanzel aufzugreifen, so vollzieht er doch die klare Trennung: *Da draussen bin ich Parteimann, so eifrig wie einer, hier aber bekleide ich das Amt, das die Versöhnung predigt und den Frieden sucht, hier bin ich der Pfarrer für alle insgemein; soll jeder des hier gepredigten Wortes sich freuen können, keiner sich verletzt fühlen.*

Auch die Kriegszeit von 1870/71 hat in seinen Predigten einen deutlichen Niederschlag gefunden. An seine Gemeinde in Twann richtete Bitzius bei Kriegsausbruch eine Art Marschbefehl.

Noch ein letztes Wort an die Zurückbleibenden. Ich glaube nicht, dass eure zu den Fahnen eilende Jugend, dass die Wacht am Rhein den schwersten Posten inne hat, nein, den schwersten Posten habt ihr mit eurer Sorge um die Fernen, mit eurer verdoppelten Arbeit, mit eurer Angst und eurer Liebe. Soll nun denen draussen an den Grenzen das Herz stark, getrost und gut bleiben, so müssen sie glauben können,

49

dass auch ihr daheim auf eurem Posten steht, ihr Frauen und ältern Männer, dass ihr sie ersetzt, einander aushelft, in Liebe und mit Vertrauen ihrer gedenkt und für sie betet. Drum rufe ich euch allen zu: an eure Posten, marsch! und morgen steht ein ganzes Volk in Waffen, in Waffen für das Vaterland.

Dann steht er als Feldprediger im Militärdienst. Dieser Dienst war ihm wichtig. Jeremias Gotthelf hatte seinerzeit Vorschläge gemacht für die Neugestaltung des Feldpredigeramtes. Hans Balmer bemerkt: *Der Sohn Gotthelfs war ein Feldprediger, wie der Vater sich denselben im Wesentlichen dachte.* Und Henriette berichtet: *Im Sommer 1870 machte er als Feldprediger alle Strapazen des gemeinen Soldaten mit; er trug wie sie den bepackten Tornister mit gerolltem Mantel, und scherzweise redete man ihm nach, er lege ihn auch des Nachts nicht ab.* «Christ und Soldat», das ist das Thema, das in verschiedenen Varianten in seinen Feldpredigten anklingt.

Wenn Bitzius auch die Notwendigkeit des Wehrdienstes bejahte, so trug er doch die grosse Sehnsucht nach einer kommenden Friedenszeit in sich. Eine Kriegsbetrachtung gegen Ende des deutsch-französischen Krieges klingt in die hoffnungsvolle Erwartung aus:

... der Krieg ist des Krieges Ende. Kriege werden immer seltener, je länger desto unmöglicher werden und endlich ganz verschwinden. Es naht einst von ferne die Zeit, wo für den Verkehr zwischen Volk und Volk dieselben Gesetze gelten werden, wie für den Verkehr zwischen Mensch und Mensch; die Zeit, wo im Völkerrecht die Gewalt nicht mehr vor Recht geht und die gegenseitige Belügung nicht mehr als die beste Staatskunst gilt, wo die öffentliche Meinung Schiedsrichterin in allen Streitigkeiten zwischen den Völkern sein wird und richten nach dem göttlichen Gesetzbuch, nach dem ewigen Rechte.

Wie wenig der Weltlauf dieser tiefen Hoffnung entsprochen hat, braucht nicht näher dargelegt zu werden. Leider!

Die hier angeführten Beispiele aus den Predigten von Bitzius zeigen, wie er diesen oft ein bestimmtes Thema voranstellt. Sicher wählte er nachträglich den Text aus zu einer Frage, die er zur Sprache bringen wollte. Andererseits liebt er es, biblische Texte fortlaufend auszulegen oder in einer Predigtreihe zu behandeln. Dafür einige Beispiele:

Aus dem Alten Testament finden sich bei ihm unter anderem Predigtreihen über die Psalmen oder die Josephsgeschichte. Aus den Evangelien wählt Bitzius Texte, durch welche er die Gestalt Jesu den Hörern lebendig vor Augen stellt: «Das Leben Jesu», «Grundsätze Jesu», «Die Seligpreisungen Jesu». In einer Predigtreihe über Texte aus den Paulusbriefen zeichnet er das Bild des Völkerapostels.

Auffällig ist, wie stark Bitzius die christlichen Festtage in seinen Predigten berücksichtigt. Dabei hielt er oft an einem Festtag zwei verschiedene Predigten, verteilt auf den Vormittags- und Nachmittagsgottesdienst.

Bei manchen seiner Predigten geht einem noch ein drittes Kennzeichen auf: es liegt ein dichterischer Hauch über ihnen. Er schildert einmal bildhaft, wie er sich dafür einsetzt, dass auch die Poesie in der Kirche ein Lebensrecht habe. Er hatte während längerer Zeit auch die Gemeinde Ligerz zu betreuen. Wir hören von ihm, wie er an einem Auffahrtstag unterwegs ist von Twann über den alten Pilgerweg hinüber zur Kirche von Ligerz. Er sagt von diesem Kirchgang:

Dieser führt durch Rebgelände empor, höher und höher. Alle Bäume stehen im Blüthenschmuck, zu den Füssen liegt der See, die Insel, die weissen Häupter grüssen von drüben her, die Glocken klingen und so gelangt er zur Kirche. Aber da steht einer und wehrt vor der Thüre den Eingang, ein schwarzer Kerl, hohläugig, engbrüstig. Wer ist das, der Küster? Bewahre, das ist der Theologe in ihm, der freisinnige Theologe. Und nun entspinnt sich ein Streit um den freien Weg in die Kirche. Da spricht der Mensch (nicht der Theologe) das Wort: In sich trug Christus seine Herrlichkeit. Wie lässt sich das schildern? Nie mit dürren Worten. Statt deren zeichnete der Maler ihm den Goldreif ums Haupt und der Evangelist – oder sein späterer Beifüger – hob ihn auf einer Wolke zum Himmel empor. Da lautete die trockene Antwort: Aber das ist doch bloss noch Poesie und nicht mehr Religion. Der Mensch spricht wieder: Ich will die, bloss Poesie. Grad wie wenn die Religion sich je einem andern Verständnis ganz erschlösse, als dem poetischen. War es nicht ein Tag der Trauer, als ein schwarzer Mann wie du (der Theologe) die beiden Schwestern, Religion und Poesie, blutsverwandt von Gott her, auseinander schied? Sie weinten beide und wollten sich nicht aus den Armen lassen. Ahnten sie doch, was getrennt aus ihnen werden würde: eine Religion gedankenloser Thatsachen und eine entgötterte, fleischige Kunst. Was Gott zusammengefügt, das soll der Mensch nicht scheiden. Darum nochmals, lass mich hinein. Ich bin ja kein Prophet, aber Poet möchte ich heute sein, um im

Gemüth meiner Gemeinde Saiten anzuschlagen, so hell, wie sie seit Jahren nicht mehr erklangen.

Kein Wunder, dass der Klang dieser Saiten gehört wurde, weit über die Kirchen von Twann und Ligerz hinaus.

Albert Bitzius als Reformtheologe

Das Aufkommen des theologischen Liberalismus führte auch in der Berner Kirche zu starken Auseinandersetzungen zwischen den kirchlich konservativen und den freisinnigen Gruppen innerhalb der Kirche. Bitzius stellte sich auf die Seite der Reformbewegung und wurde einer ihrer Führer. Er leitete die erste Generalversammlung der neu gegründeten «Schweizerischen Vereinigung für freies Christentum». Besonderen Einfluss gewann er als Redaktor der «Reformblätter». Er war schon länger als Mitarbeiter tätig. 1869 übernahm er als Nachfolger von E. Friedrich Langhans die Leitung der Redaktion. Als Verfasser der «Reformchronik» nahm er in pointierter Weise Stellung zu den politischen und kirchlichen Ereignissen.

Die Arbeit als Redaktor der «Reformblätter» bedeutete für Albert Bitzius eine starke Belastung. Er klagt gegenüber seiner Braut: *Die Journalangelegenheit nimmt mir meine beste Zeit, meine besten Gedanken weg,* oder *Das Blatt macht viel Kopfzerbrechen.*

Dazu kommt, dass er durch manchen seiner Artikel sich Kritik zuzog. Wir greifen ein Beispiel heraus, seinen Artikel über die Gebetswochen. Diese wurden vor allem gefördert durch die Bewegung eines Amerikaners namens P. Smith und fanden in der zweiten Woche nach Neujahr statt. Bitzius lehnte diese *Gebetsfabriken* oder *Gebetsetablissements* ab. Er nannte sie ein *abscheuliches Ding.* So wolle man Gott beeinflussen durch das Gewicht der Masse. Alles Drängen, jeder Versuch auf suggestive Weise Einfluss nehmen zu wollen, war ihm in der Seele zuwider. Gerechterweise muss man sagen, dass er ähnlich empfand auch gegenüber seinen Gesinnungsgenossen. Im gleichen Artikel fügt er hinzu: *Ähnliche suggestive Kraft hat auf der andern Seite das Wort «liberal», bezaubernde und bannende Kraft in unserer politischen Partei auf Tausende. Da will ein Jeder von ihnen liberal sein, möchte es wenigstens scheinen um jeden Preis, und daher kömmts, dass unsere grossen Demagogen mit diesen Leuten machen können was sie wollen.*

Der Artikel über die Gebetswoche trug Bitzius Kritik von verschiedener Seite ein. Nach der Teilnahme an einer Sitzung des Pfarrvereins in Nidau schreibt er an seine Braut: *Es setzte einige wohlgemeinte Wischer wegen der Gebetswoche ab; ich kam jedoch gnädig davon. So etwas haben sie Recht.*

Vorsichtig erkundigt er sich bei Ida Ammann: *Was sagt der Vater und Grossvater zu meiner Gebetswoche in den Reformblättern, sie werden sie wohl zu heftig finden?* Erleichtert stellt er in einem späteren Briefe fest: *Mir sehr lieb, dass Ihr meine Gebetswoche nicht übel genommen.*

Es ist kein Zufall, dass sich Bitzius nach dem Urteil seiner neuen Verwandten erkundigt. Er war gewohnt, von seiten seiner eigenen Angehörigen wegen seiner theologischen Parteinahme allerlei Vorwürfe zu hören. Nach einem Besuch bei seiner Mutter in Sumiswald schreibt er an Ida: *Der Reformer in mir bekam von ihr über die Ohren.*

In einem Brief an Albert äussert die Mutter ihre Bedenken gegenüber der Bewegung, der er sich angeschlossen hatte, sehr deutlich, aber zugleich in herzlicher Verbundenheit:

Verzeih, Theurer Albert, wenn ich auf eine Sache zurückkomme, die du zwischen uns abgetan glauben konntest, allein ich halte es für Pflicht dir in Liebe und Ernst Vorstellungen zu machen über den Sturm, den ihr fast muthwilligerweise heraufbeschworen habt. Solange ich diese Bewegung auf religiösem Gebiete als das Ergebnis einer innern Nötigung verstehen konnte, gestand ich ihr einige Berechtigung zu. Du liessest mich aber letzthin einen Blick in euer Getriebe werfen, der mich ahnen liess, dass das ganze auf einer viel unsolideren Basis ruht.

Zuerst stiesset ihr und hernach wurdet ihr gestossen, in ein Fahrwasser, in dem ihr euch auf die Dauer nicht aufrecht erhalten könnt.

... Wohl weiss ich, dass du nun nicht auf einmal deine Fahne verlassen kannst und bitte dich nur, trage sie mit Mässigung und Besonnenheit und gedenke dabei an die vielen in der Einfalt ihres Herzens ihre Pflicht tuenden Brüder, die du verletzen und betrüben könntest, und leider auch schon verletzt hast. ... Es musste wohl eine grosse Sorge seyn um mich wider Neigung und Vermögen so viel schreiben zu lassen, nimm also alles Gesagte mit Freundlichkeit als einen Beweis meiner unendlichen Liebe auf u. zürne nicht wenn diese ihre Befugnisse dem einunddreissigjährigen Sohne gegenüber überschreitet. Siehst du, auf deine Wahrhaftigkeit und Lauterkeit baute ich Häuser, es schleichen aber zuweilen noch andere Faktoren ins beste menschliche Herz

*und vor einem dieser Faktoren wollte ich dich warnen. Ich brauche ihn
dir nicht zu nennen.*

*Zürne nicht, lieber Albert, wenn ich schon schliesse. Das Schreiben
ist mir gar zu schwer.*

Tausend Grüsse an Ida.

16. August 1867   *H. Bitzius*

Eine Antwort von Albert auf diesen Brief der Mutter besitzen wir nicht. Die unterschiedlichen Ansichten trübten aber das schöne Verhältnis von Mutter und Sohn nicht. In einem andern Brief betont die Mutter: *Obschon wir oft uneins sind, so habe ich doch grosse Achtung vor deinem Charakter.*

Albert war daran gelegen, die Mutter durch seine kritischen Aussagen, wie sie in seinen Artikeln zum Ausdruck kamen, nicht zu verletzen. In einem Briefe aus dem Jahre 1867 erwähnt er einen von ihm verfassten Artikel, der zuerst in den «Reformblättern» und dann in der «Deutschen Protestantischen Kirchenzeitung» erschienen war. Albert bemerkt dazu gegenüber Henriette: *Sage der Mutter nichts davon. Aber bien malgré moi beginne ich Krampol zu machen in dieser schlechten Welt.*

Henriette hielt offenbar mit kritischen Einwänden auch nicht zurück. Albert nimmt diese willig entgegen:

Den besten Massstab für das was wir hinaus reformieren und was nicht, den trägst du in dir selbst. Nimm an, wir sagen ungefähr das, was auch deines Herzens Meinung ist. Im Übrigen lebe ich an deinem Kampfes frohen Sinn stets von Herzen wohl, wenn die liebe Malice nicht auf der Welt wäre, es wäre zuweilen fast nicht mehr auszuhalten.

Im gleichen Sinn verbindet Albert die Einladung von Henriette zu einer Taufe im Pfarrhaus zu Twann mit der Bemerkung:

Deine Gegenwart würde uns sehr wohl tun. Auch wärest du ganz geeignet der Gesellschaft etwas von ihrer Schärfe zu nehmen.

Albert Bitzius wahrte gegenüber den kirchlichen Parteikämpfen – bei aller Entschiedenheit seiner Stellung – eine innere Distanz und Überlegenheit:

Liebe Schwester, lass dir diesen theologischen Qualm nicht allzusehr in die Nase steigen; man muss stets das Auge aufs Ziel gerichtet halten und über der Gegenwart Kleinlichkeit, Bosheit, Unrecht von allen Seiten, hinwegschauen. Mich ficht das alles wenig an. Es geht hier um die Wahrheit, die sittliche Hebung unseres Volkes, nicht um uns. Haben wir Unrecht, so unterliegen wir.

Seine grössten Kämpfe focht Bitzius auf einem andern Felde als dem der dogmatischen Streitigkeiten aus. Kurt Guggisberg bemerkt dazu: *... in dogmatischen und religiösen Fragen steht er ganz auf der rechten, konservativen Seite der Reform, wenn es sich um die Erhaltung ächten Glaubensgutes handelt; in kirchlichen, politischen und sozialen Fragen ist er radikal und meist extremer als seine Gesinnungsgenossen.*

Es lohnt sich dieser Aussage noch etwas nachzugehen und sie durch einige Hinweise zu bestätigen.

Zuerst seine Stellung in dogmatischen und religiösen Fragen.

Hier kann Bitzius gelegentlich ganz seine eigenen Wege gehen. Er gibt nicht leichthin überliefertes Erbe preis. Das kam zum Beispiel zum Ausdruck in der Frage der kirchlichen Gebete. Manche seiner Gesinnungsfreunde wollten die liturgischen Gebete zugunsten des freien Gebetes abschaffen. Bitzius lehnte dies ab. Hans Balmer bemerkt, dass Gesinnungsfreunde von Albert Bitzius, wie etwa der Theologe Lang, sich erstaunt fragten: «Ist das unser Bitzius?» Bitzius scheute einerseits vor der Gefahr eines zu grossen Subjektivismus bei den freien Gebeten zurück, andererseits bedeutete es ihm etwas, wenn er von einem Gebet wusste, dass es ein Zwingli oder Beza so geprägt hatten.

Sicher haben sich Hörer oder Leser von Bitziuspredigten gewundert, dass sich bei ihm auch Predigten zu Allerseelen und Allerheiligen finden. Vom Tag von Allerseelen kann er sagen, dass er *viel dafür gäbe, wenn die Sitte von Allerseelen wieder aufkäme, auch trotz der Reformation.* Aufschlussreich ist eine Predigt zu Allerheiligen aus dem Jahre 1873. Sie beginnt mit der Feststellung: *Wir pflegen uns um die kirchlichen Feste unserer katholischen Brüder wenig oder gar nicht zu kümmern, sondern führen ganz getrennte Haushaltung. Doch zu Unrecht, denn wir könnten viel von ihnen lernen.* Bitzius unterlässt nicht festzuhalten, dass nach dem Neuen Testament die Heiligen die Glieder der Gemeinde sind. Aber sein Anliegen ist, dass wir die Menschen der früheren Kirche nicht aus dem Auge verlieren, sondern mit dieser «Wolke von Zeugen» uns verbunden wissen. Er hält fest: *Zu unserer Schande sei es gesagt, dass ein geschichtliches Wissen im protestantischen Volk nicht selten weniger weit reicht als im katholischen, unter den Protestanten der Schweiz weniger weit als unter denen Frankreichs.*

Im Grunde kommt in der Wertschätzung der liturgischen Gebete, wie in der Verbundenheit mit den früheren Glaubenszeugen, der gleiche Zug im Wesen von Albert Bitzius zum Vorschein: Sein Festhalten an der kirchlichen Überlieferung, dort wo sie wertvolles Glaubensgut vermittelt.

Wir erinnern uns der Aussage von Guggisberg, dass Bitzius in dogmatischen und religiösen Fragen ganz auf der rechten, konservativen Seite der Reform stehe. Wir wollen nun aber auch die andere Feststellung näher beleuchten: *In kirchlichen, politischen und sozialen Fragen ist er radikal und meist extremer als seine Gesinnungsgenossen.*

Vorerst ein Wort zu den kirchlichen Kämpfen.

Stark lehnte sich Bitzius auf gegen jeden kirchlich-behördlichen Zwang. Sehr deutlich lässt sich seine Haltung zeigen am sogenannten Apostolikumstreit. Die Bernische Kirchensynode hatte einen Antrag abgelehnt, wonach es dem Pfarrer freigestellt sein sollte, neben dem apostolischen Glaubensbekenntnis auch andere Bekenntnisse bei der Taufe zu gebrauchen. Bitzius hielt sich nicht an diesen Beschluss. Bezeichnend für ihn ist, dass er dies nicht heimlich tat, nach der Losung: «Wo kein Kläger ist, da ist auch kein Richter». Nein, er forderte die Behörde direkt zum Einschreiten auf: *Sie werden daher gegen mich einschreiten. Ich erwarte das, verlange es sogar ... Biegen oder brechen! sprach die Synode. Biegen oder brechen! sage auch ich.* Die Haltung von Albert Bitzius in dieser Sache wurde als Revolution in der Kirche bezeichnet.

Scharfer Kritik und Vorschlägen, die grundlegende Änderungen verlangten, begegnen wir auf einem weiteren Gebiet.

Albert Bitzius als Sozialreformer

Schon in seiner Jugend war Bitzius mit den sozialen Problemen in Berührung gekommen. Er kannte die Bettlergemeinde, wie Gotthelf sie im Bauernspiegel schildert. Hören wir Albert Bitzius dazu:

Vor zwanzig Jahren, ich war damals noch ein Knabe; aber unauslöschlich werden mir die Eindrücke meiner in unserm Emmenthal verlebten Jugend bleiben. Vor allem zwei: die Tage, an denen der Gemeinderath meines Dorfes seine monatlichen Sitzungen hielt, sodann gewisse Gespräche im väterlichen Hause. Noch sehe ich es vor mir, unser Schulhaus, wie es an selben Monatstagen jahrmarktähnlich umlagert war von ganzen Scharen überall her zusammengeströmter wirklicher oder angeblicher Armer, die alle von der Heimatgemeinde eine Steuer forderten, bald unter Tränen, bald unter Drohungen. Und wie oft habe ich daheim in meines Vaters Haus zugehört mit einem Schauer in der Seele, wenn gesprochen ward von der im Finstern schleichenden Propaganda, dem Kommunismus, den immer gefährlicher werdenden Arbeiterverbindungen, wenn gesagt ward, es drohe eine grosse soziale Revolution gegen alles Eigenthum immer näher heran, sie zwar, die Redenden, würden sie kaum mehr erleben, aber unserer, ihrer Kinder, Haupt würde sie treffen.

Bezeichnenderweise trägt der erste grössere Artikel, den Bitzius für die «Reformblätter» schrieb, den Titel: «Die Bernergeistlichkeit zu den sozialen Fragen der Gegenwart».

Zuerst kommt Bitzius auf die Tatsache zu sprechen, dass eine gewisse Kluft die Pfarrer vom Volke trenne und Schuld daran sei, dass der Einfluss der Pfarrer gering sei.

Er nennt dafür zwei Gründe. Einmal bestehe eine politische Kluft. Der Pfarrer sei mehr Staatsbeamter als Kirchendiener, eine Art Unterlandvogt. Er werde zwar vom Volk mit grossem äusserem Respekt behandelt, *dies jedoch aus Furcht mehr als aus Liebe.* Ganz ähnlich ist die Feststellung Gotthelfs im Bauernspiegel: *Weil der Pfarrer viel bei dem Landvogt galt, so galt er bei den Bauern desto mehr, denn ein Wort von ihm konnte gut oder bös Wetter machen.* Bitzius spricht weiter von einer sozialen Kluft, die zwischen Volk und Pfarrerschaft bestehe:

Das Pfarramt war zugänglich nur den Burgern von Bern und einigen kleinern Städten, es nährte sich zudem vielfach vom Abfall vom Tische des Patriziat's, männlichem und weiblichem Abfall, es erbte sich in den gleichen Familien fort von Geschlecht zu Geschlecht und ward so aus einem Beruf zu einem Handwerk, dann zu einer guten Versorgung und endlich zu einer Art von Pfründerspital; denn wenn man einen jungen Mann sonst zu nichts zu brauchen wusste, dann pflegte man zu sagen, er habe ein grosses Talent für die alten Sprachen, und machte ihn zum Pfarrer.

Befangen in den Vorurteilen ihrer Herkunft fehle nun aber der Pfarrerschaft das rechte Verständnis für die sozialen Umwälzungen, die sich anbahnten. Sie hätten die sozialen Probleme nie gründlich studiert. Viele Äusserungen der Pfarrer kämen aus einem gänzlichen Unverständnis der neuen Zeit. Bitzius bemerkt dazu:

Wir können nur darum so reden, weil wir unsere Kenntnis der Zeitgeschichte nicht weiter her haben als aus dem Intelligenzblättlein der Stadt Bern, dieser Hausbibel Nr. 2 in so manchem Pfarrhaus, weil wir ferner unsere Kenntnis der Weltgeschichte bloss aus unserer offiziellen Kirchengeschichte schöpfen und weil wir uns, Viele gewaltsam, hinein gebannt haben in jene längst abgethane Vorstellung einer schweren Zeit, welche ihre letzte Hoffnung auf nichts Besseres zu setzen wusste, als auf einen grossartigen Weltbankerott, wo Gott, verzweifelnd an dem innern Sieg seiner eigenen Sache, mit äusserer Gewalt drein fahren würde, um Obwasser zu bekommen und fertig zu werden mit den Hindernissen.

Allerdings sieht Bitzius doch eine Wendung zum Bessern sich anbahnen, und zwar *in dreifacher Beziehung: vor Allem rekrutiert sich unsere Geistlichkeit jetzt aus dem ganzen Volk, immer mehr aus allen Schichten desselben und hat so breiten Grund gefasst im Volk; sodann wird in Bern anders Theologie studirt als früher, das Studentenleben selbst ist demokratischer geworden und legt immer mehr den spezifischen Studenten-Hochmuth und seine Volksverachtung ab; Studentenvereine rechnen es sich zum Ruhme, alle das Volkswohl betreffenden Fragen in den Kreis ihrer Berathungen zu ziehen und ihre Studentenfeste zu Volksfesten zu erweitern; endlich sehen wir überall, wo für die Volkswohlfahrt Schlachten geschlagen werden, eine gute Zahl von Geistlichen in den ersten Reihen stehen. Gleichwohl ist die Geistlichkeit im Grossen und Ganzen noch weit davon entfernt, in Lösung sozialer Fragen das zu leisten, was sie kann und soll.*

Bitzius betont, dass es vielen, nicht nur den Pfarrern, schwerfalle, den neuen Stand der Arbeiter recht zu sehen und anzuerkennen.

Von der Umwälzung, die sich, ob man es sehen wollte oder nicht, vollzog, gibt Bitzius in einem Artikel in den «Reformblättern» folgende Schilderung:

Auf einmal that sich eine ganz neue Menschenklasse auf. Welch ein Grauen damals so viele vor diesem jungen Gebilde im sozialen Organismus empfanden, zeigt am besten der Umstand, dass noch heute der ächte Altberner nur mit einem unheimlichen Gefühl von der «Arbeiterbevölkerung» spricht ... Noch fremder wehten uns die Vereinigungen der Arbeiter unter sich an; wir witterten dahinter alles mögliche Unheil, besonders seit der Geselle immer mehr von seinem Meister sich loslöste, seit Mengen von Arbeitern bei grössern Unternehmungen zusammenströmten und seit viele versprengte Volksbeglücker aus Deutschland und Frankreich ihren lieben Schweizerkühen, die sie auch redlich molken, die Köpfe mit Ideen zu erhitzen begannen.

Bitzius stellt nun aber innert zwanzig Jahren einen deutlichen Wandel fest. Er führt dafür verschiedene Gründe an. Er betrachtet die örtliche Armenpflege statt der burgerlichen oder derjenigen durch die Heimatgemeinde, als wichtige Änderung. Dazu komme eine bessere Erziehung armer Kinder, die neue Weckung der Familienehre und des Familiengefühls. Eine grundsätzlich andere Einstellung habe sich Bahn gebrochen: *Unsere Armenpflege zieht ein Volk heran, welches immer mehr die Sorge für die Armen als eine frei zu übende Pflicht aller gegen alle auf sich nimmt.*

Aber auch in der Arbeiterfrage habe sich ein Fortschritt vollzogen.

Uns bangte vor einer sozialen Revolution, und wie wir nun die Augen wieder aufzuthun wagen, siehe, so ist die Revolution gemacht, vollendet und wir merkten es nicht einmal, so still, geräuschlos, so unblutig ist sie vor sich gegangen; wir hassten den Sozialismus wie die Pest, und wenn wir uns nun prüfen, so sind wir über Nacht selbst Sozialisten geworden.

Dabei lehnt er den theoretischen Marxismus ab. Aber der sozialen Verpflichtung will er sich entschieden zuwenden: *dass wir lieber heute als Morgen Tagwacht blasen und mit vereinigten Kräften ausziehen möchten.*

Als an ihn die Frage herantrat, sich an eine Pfarrstelle in Bern wählen zu lassen, lehnte er ab. Er bemerkte dabei: *Wenn schon, dann nur in eines der neu entstehenden Arbeiterquartiere.*

Albert Bitzius ist in Beziehung auf die soziale Verpflichtung ein Bahnbrecher. Kurt Guggisberg bezeichnet ihn als Vorläufer der christlich-sozialen Bewegung und er sieht in Leonhard Ragaz einen geistigen Nachkommen von Bitzius.

Albert Bitzius liess es nicht bei theoretischen Erörterungen über die soziale Frage bewenden. Er suchte in persönlichem Einsatz zu verwirklichen, was ihm ein Anliegen war.

Albert Bitzius als Politiker

Schon 1890 hatte sich Bitzius zu einer politischen Frage geäussert, zu dem Thema, das die Haager Gesellschaft zur Verteidigung der christlichen Religion ausgeschrieben hatte: «Die Todesstrafe».

Seine Arbeit wurde mit dem ersten Preis ausgezeichnet. Sie wurde nicht nur hinsichtlich ihres Inhaltes gewürdigt, sondern auch im Blick auf die sprachliche Gestaltung. Die beurteilende Kommission bat ihn ausdrücklich: *Was Sie auch ändern, ändern Sie nicht den Styl, der uns so sehr gefallen hat.*

Bitzius ist besonders die enge Verbindung von staatlicher Gewalt und geistlicher Funktion, die bei einer Hinrichtung zu Tage tritt, fragwürdig. Er betont, dass die Kirche immer dann die Todesstrafe bejaht habe, wenn sie in enger Verbindung mit dem Staat gestanden sei. Unabhängigkeit in dieser Sache gewinne die Kirche nur, *wenn sie wieder die freie Kirche wird, die sie einst gewesen ist und immer hätte bleiben sollen.*

Er urteilt in dieser Frage anders als Luther. Bitzius erwähnt dessen Aussage, dass *wenn kein Scharfrichter zur Hand sei, es für jeden Christ Pflicht sei sich freiwillig zu dieser Verrichtung herzugeben.* Der Hinweis auf diese Aussage trug Bitzius Kritik aus Deutschland ein. Die «Zeitschrift für lutherische Theologie» würdigte zwar die Arbeit von Bitzius als eine «mit Geist und sprudelnder Phantasie geschriebene Abhandlung», sie erhob aber den Einwand: *nur das Eine begreifen wir nicht: wie eine evangelische Gesellschaft diese Schrift mit ihrem Preise krönen konnte; denn der Verfasser geht mit dem Worte Gottes gar seltsam um und ist durch und durch von dem modernen schweizerischen Protestantismus durchdrungen.*

Die Mitwirkung des Pfarrers bei einer Hinrichtung empfindet Bitzius als eine schwere Belastung für diesen. Vom Geistlichen, der dem Verurteilten beistehen und ihm einen Trost geben soll, der dem Staate nicht zu Gebote steht, schreibt Bitzius: *noch ruft er dem armen Sünder ein paar Worte zu, schliesst die Augen, während der Streich fällt, hält dann mit weittragender Stimme, aber gepresstem Herzen, seine Standrede, und kehrt, zum Tode müde heim in sein Pfarrhaus. Unterwegs in den Wirtshäusern wilder*

Albert Bitzius

Lärm, Gelächter, Streit, am Tage darauf in der Zeitung die Erzählung von einer blutigen Schlägerei keine Stunde vom Schaffot, von Kindern, die unter sich Hinrichtung gespielt haben, von Roheiten der Henkersknechte, von allerlei Aberglauben, getrieben mit dem Blute oder mit Körperteilen dessen, der nun ausgelitten hat, in seinem Amt noch lange das Gefühl, dass das Volk, aufgeregt durch das blutige Schauspiel, für das einfach erbauende Gotteswort allen Sinn verloren hat.

Was Bitzius in seiner Arbeit mehr theoretisch vertreten hatte, das wurde für ihn später aktuelle Wirklichkeit.

Genau zehn Jahre nach der Veröffentlichung seiner Schrift wurde die Frage der Todesstrafe Gegenstand politischer Auseinandersetzungen in der Schweiz. Zuerst auf dem Boden der Eidgenossenschaft. Seit 1872 war die Todesstrafe durch die Bundesverfassung aufgehoben. Nun beschlossen die eidgenössischen Räte, die Frage nochmals vor das Volk zu bringen und allenfalls den Entscheid den Kantonen zu überlassen. Dagegen trat Bitzius auf den Plan. Er tat dies auf der Kanzel in der Kirche. Er war aber bereit, seinen Standpunkt in aller Öffentlichkeit zu vertreten. So ruft er einmal seinen Zuhörern zu: *Wo Sie sind, in der Kirche oder im Tanzsaale, werden Sie auch uns auftauchen sehen.*

Bitzius erlebte die Genugtuung, dass die bernischen Stimmbürger die Wiedereinführung der Todesstrafe auf dem Boden der Eidgenossenschaft deutlich ablehnten. Nun war noch der Entscheid für den Kanton Bern zu fällen. In einer weit ausgreifenden, staatsmännischen Rede vertrat Bitzius als Regierungsrat im bernischen Grossen Rat den ablehnenden Standpunkt. Wir begnügen uns hier mit einem kurzen Ausschnitt aus seinen Ausführungen:

Nicht nur den Verbrecher schrecken Sie mit der Todesstrafe nicht: auch die allgemeine sittliche Wirkung im Volke, die Sie sich von der Wiedereinführung der Todesstrafe versprechen, bleibt aus ... Weiter dürfen Sie nie vergessen: Sie schaffen mit der Einführung der Todesstrafe wieder etwas, was wir glücklicherweise nicht mehr hatten. Sie schaffen wieder Scharfrichter.

Ich weiss nicht, ob Sie das so gut und genau wissen, was das für ein Elend war mit diesem Menschen, ja gerade je besser er war, ein um so grösseres, mit dem Scharfrichter, an den sich vielleicht die Ältesten unter uns noch erinnern, wo es hiess, dass die Schwerter im Schranke klingen, wenn es wieder eine Hinrichtung geben soll, wo man Nacht für Nacht Licht in seinem Zimmer sah, weil er nicht mehr schlafen konnte, sondern ruhelos auf und ab ging.

Der Grosse Rat stimmte unter Namensaufruf dem Antrag auf Nichteintreten mit 115 gegen 88 Stimmen zu.

Es war Bitzius völlig klar, dass mit diesem Entscheid nicht alles getan war. Es musste nun jene Verbesserung des Gefängniswesens folgen, von der er schon in seiner Schrift erklärt hatte: *Wir halten dafür, der Abschaffung der Todesstrafe als einer Grossthat werde eine durchgreifende Reform der Strafvollziehung und des Gefängniswesens auf dem Fusse folgen.*

Im eigenen Volke war Bitzius in seinem Kampf gegen die Todesstrafe durchgedrungen. Seine weitgespannte Erwartung allerdings hat sich nicht erfüllt: *Das gegenwärtige Geschlecht stirbt nicht, so wird bereits die letzte ordentliche Hinrichtung vollzogen sein.*

Mit dem Hinweis auf sein Eintreten als Regierungsrat in dieser besondern Frage, sind wir den Ereignissen im Leben von Albert Bitzius etwas vorausgeeilt.

Es bleibt die Frage zu beantworten: Wie kam es zu diesem Wechsel vom Pfarrer in Twann zum Wirken als Staatsmann in Bern? Mehr als einmal schon war an ihn die Berufung in einen andern Wirkungskreis herangetreten. Seine redaktionelle Tätigkeit bewirkte, dass ihm die Redaktion der «Neuen Zürcher Zeitung» angeboten wurde. Er lehnte ab. Nicht anders verhielt er sich bei Berufungen in ein anderes Pfarramt. Ein solches wurde ihm angeboten in Winterthur und an der reformierten Gemeinde in Leipzig. Durch seinen Freund F. S. Vögelin erging an ihn der Ruf an die Gemeinde Uster. Vögelin war im Begriff, als Dozent für Kunstgeschichte nach Zürich zu ziehen, und hätte gerne Bitzius als seinen Nachfolger gesehen. Der Gedanke an einen Neuanfang hatte etwas Verlockendes: *Weiss Gott, es könnte mich gelüsten alle Bedenken, Rücksichten nochmals hinter mich zu werfen und ein neues Lied anzustimmen.* Aber die Bedenken sind doch stärker, und so antwortet Bitzius seinem Freund: *Ich habe nun in diesen zwölf Amtsjahren meine Wurzeln ziemlich tief in den Heimathkanton hineingesenkt, es würden wohl ihrer zu viele zerreissen und ihre Stümpchen sich anderwärts nicht mehr so recht festzuklammern vermögen.*

Etwas anders wurde die Lage, als Aufforderungen an Bitzius gerichtet wurden, in die politische Laufbahn einzusteigen. Auch hier lag ihm zuerst der Gedanke an einen Wechsel in seiner Tätigkeit fern. Interessant ist, was er im Jahre 1866 darüber an seine Braut schreibt:

Wir laborieren hier gegenwärtig an einer neuen Regierung, in der zweitnächsten Woche soll sie erkoren werden. Ich bin mehr wie froh, wenn dies geschehen sein wird, denn vorher habe ich keine Ruhe vor allerhand Anspielungen, da man nun einmal glaubt, ich visiere auf eine politische Carriére. Glücklicherweise habe ich gegenwärtig nicht die mindeste Chance gewählt zu werden und ich habe daher gar nicht einmal nöthig, mich zu prüfen und zu entscheiden. Sollten später ähnliche Fragen an mich herantreten, dann wirst du an meiner Seite sein und werden wir gemeinsam tagen und beschliessen.

Sieben Jahre später, 1873, kam dann die Anfrage, ob sich Bitzius als Regierungsrat würde wählen lassen. Diesmal lehnte er noch ab. Aber als dann noch einmal, 1878, der Ruf an ihn erging sich wählen zu lassen, erklärte sich Albert Bitzius dazu bereit. Diesmal konnte er sagen: *Ich hab's gewagt.* Seine Schwester Henriette bemerkt in der Biographie ihres Bruders zu diesem Entschluss: *Dass er 1878 die Wahl in den Regierungsrath annahm, geschah gewiss nicht aus ehrgeizigen und habsüchtigen Gründen ... Er war sich seiner Geisteskraft und Begabung klar und freudig bewusst; mit ihm, seinem Volke in kritischer Zeit zu dienen, das war sein Ziel, das sein edles Herz begeistern konnte.*

Wie sehr diese Wahl Henriette bewegte, verraten zwei Eintragungen in ihrem Tagebuch:

5. Juni 1878: *Alb. als Reg.R. gewählt: Wird er annehmen?*

6. Juni: *Schrb. an Alb. Kaum getan, als er selbst kam und mir Annahme der Wahl anzeigte. War ganz verschmeiet(sprachlos vor Schreck), er selbst sehr bewegt.*

Es nahte der Wechsel und mit ihm der Abschied von Twann. Es war ein mehrfacher Wechsel. Albert Bitzius schied von einer Gemeinde, mit der er fest verbunden war. Er legte das Pfarramt nieder und damit einen Dienst, dem er seine beste Kraft geschenkt hatte. Er trat als Redaktor der «Reformblätter» zurück. Von dieser Trennung sagte er: *Wenn ich Sonntags meiner lieben Gemeinde hier gepredigt hatte, dann trat ich Montags oder Dienstags vor eine andere mir nicht minder theure Gemeinde, die unsichtbare und weit zerstreute der Leser dieses Blattes.*

Twann mit dem Blick auf die Petersinsel

Bitzius verliess nach zehn Jahren sein trautes Pfarrhaus, in dem er zusammen mit seiner Gattin eine Kinderschar hatte heranwachsen sehen und in dem so viele liebe und vertraute Menschen ein und aus gegangen waren. Henriette berichtet, dass Albert in den letzten Wochen vor seinem Wegzug noch einmal seine Familie zu frohem Zusammensein in der heimeligen Reblaube versammelte.

Der eigentliche Abschiedstag fiel zusammen mit der Feier des hunderdsten Todestages von J.J. Rousseau, der auf der Petersinsel gefeiert wurde. Bevor Bitzius zu dieser Feier aufbrach, ging sein Blick noch einmal hinüber zur stillen Insel im Bielersee. Wie oft hatte sein Auge auf den grünen Wipfeln der alten Bäume, die so eindrücklich aus dem See emporragen, geruht. Dann hatte er auch stille Zwiesprache gehalten mit dem so oft Vertriebenen, der auf der Petersinsel vorübergehend eine Zuflucht gefunden hatte: Jean Jacques Rousseau. Dieser gehörte einer andern Zeit und Welt an. Und doch stand ihm der Mann, der den «Contrat social» geschrieben hatte, innerlich nahe.

Jetzt, wo sein eigener Abschied zusammenfiel mit der Rousseau-Feier, legte Bitzius im letzten Artikel für die «Reformblätter» das nieder, was ihn in dieser Stunde bewegte. Es war noch einmal ein leises Zwiegespräch. Bitzius schrieb:

Schon naht das Schiff, das zur Rousseaufeier auf die St. Petersinsel hinüber trägt. Rousseaufeier! Würdest du dich wundern, du wunderlicher Hansjakob, der du die Menschen gleichzeitig geliebt und gehasst, wie wenige, über die, welche dich heute feiern. Sind es nicht vielfach deine Gegner von dazumal, die, welche dich damals ein Kind und einen Narren nannten und dich vielleicht abermals so nennen würden, wenn du dir beikommen liessest, heute auf deiner lieben Bielerinsel zu erscheinen? Aber deshalb müssen sie dich gleichwohl finden? Weil du eben nicht bloss ein Kind und ein Narr warst, sondern ein Prophet und zwar einer von denen, deren Herzblut an den Gottesgedanken klebt, die sie in die Welt hinaustragen. Seitdem machten diese Gedanken ihren Weg, aus deiner Abendröthe ward die Morgenröthe einer neuen Zeit. Und heute nun, hundert Jahre nach deinem Tod, kehren diese Gedanken zu dir zurück, heben dich empor aus deinem zerfahrenen, scheinbar nutzlosen, schmerzvollen Dasein und stellen dein Bild verklärt der Nachwelt dar. Wer das mit erlebt, der glaubt fortan an die Macht des Geistes und an den bleibenden Werth der Hingabe an diesen Geist.

Dieser Glaube und diese Hingabe blieben für Bitzius bestimmend in den letzten vier Jahren seines Lebens, die ihm noch geschenkt waren.

Bitzius trat sein Amt als bernischer Regierungsrat in einem ungünstigeren Augenblick an, als dies 1873 der Fall gewesen wäre. Eine unglückliche Eisenbahnpolitik hatte die Regierung im Volk in Misskredit gebracht.

Bitzius hatte als Regierungsrat zwei Direktionen zu betreuen. Ihm unterstand das Erziehungsdepartement und das Gefängniswesen. Auf dem Gebiet des Erziehungswesens entfaltete Bitzius eine rege gesetzgeberische Tätigkeit. Er erreichte eine Verlängerung der Ausbildungszeit für die Lehrer, Vereinheitlichung der Lehrmittel, neue Unterrichtspläne, Einführung der Fortbildungsschulen; eine Reihe von einzelnen Massnahmen wurden durch ihn ermöglicht.

Er wusste, dass eine übergrosse Aufgabe auf seinen Schultern lag. Er schreibt einmal im Blick auf das Schulwesen auf dem Lande, dass jetzt noch mehr als ein Jeremias Gotthelf nötig wäre.

Ein Vorstoss zur Pensionierung älterer Lehrkräfte scheiterte zu seinem grossen Bedauern an der Finanzklippe. Die Ausarbeitung eines neuen Primarschulgesetzes konnte er zwar beginnen und fördern, aber nicht mehr selber vollenden.

Zu seinem Aufgabenkreis gehörte auch die bernische Hochschule. Seinem Eintreten für die Universität zollte Prof.Dr. C. Hilty hohe Anerkennung: *Wir hatten das Gefühl, dass Bitzius die Hochschule verstand und liebte, verstand, weil er sie liebte. Bitzius hatte den Grundgedanken aller Erziehung erfasst, – das Übergewicht des Idealen über das Materielle – und die Notwendigkeit einer fortwährenden Anleitung der kommenden Generation zu dieser Lebensanschauung.* (Aus der Gedenkrede, gehalten in der Heiliggeistkirche 1882).

Mit ganz besonderer Hingabe widmete sich Bitzius den Aufgaben, die auf dem Gebiet des Gefangenenwesens auf ihn warteten. Hier lässt sich so etwas wie ein roter Faden in seinem Leben verfolgen, angefangen bei seiner Tätigkeit als Vikar in der Strafanstalt Thorberg, über seine Besuche in deutschen Zuchthäusern während seines Studienaufenthaltes, bis zu seinen Reformvorschlägen, für die er als Politiker eintrat.

Diese legte er vor der Gemeinnützigen Gesellschaft des Kantons Bern dar unter dem Thema «Die Verbesserung unserer Strafrechtspflege». Er vertrat hier Vorschläge, die noch heute zur Diskussion stehen. Er forderte eine besondere Anstalt für jugendliche Verbrecher. Bitzius war Gegner der unbedingten Einzelhaft und verlangte einen stufenweisen Übergang zu gelockerter Haft. Er machte genaue Vorschläge, wie dieser Übergang zu gestalten sei.

Auch für den Neuaufbau des Anstaltswesens arbeitete er eingehende Pläne aus. Dabei lag ihm der Gedanke fern, dass mit Gesetzesparagraphen und Reformen das Wesentliche schon erreicht sei.

Mitmenschlichkeit ist nach seiner Überzeugung auf dem Gebiet des Gefangenenwesens von grösster Bedeutung. In einem Artikel in den «Reformblättern» «Die Grundsätze modernen Strafrechtes in ihrer Anwendung auf die Theologie» schreibt Bitzius: *Die Strafe ist im modernen Staat nie etwas für sich, nie Zweck, sondern immer nur Mittel, dessen er sich bedient, um den Rechtsschutz sicher zu stellen ... Je stärker ein Staat, desto milder seine Strafen.*

Bitzius setzte sich auch für die Schutzaufsicht über die entlassenen Sträflinge ein. Wie sehr er sich mit den Strafgefangenen verbunden fühlte, kam deutlich zum Ausdruck durch die Tatsache, dass er als Regierungsrat in Bern das Abendmahl immer gemeinsam mit ihnen feierte.

Wo er im Volksleben Schäden sah, setzte er sich für deren Bekämpfung ein. Nicht ohne Grund hat ihn Prof. C. Hilty *einen berufenen Propheten seines Volkes* genannt. Deshalb war Bitzius auch beteiligt an gesetzgeberischen Arbeiten, die nicht direkt zu seinem Aufgabenkreis gehörten.

Juristische und besonders kirchenrechtliche Fragen hatten ihn immer interessiert. In einem Brief an Henriette weist er auf einen Mangel hin, der hier bestehe. Er redet von einem Feld, *welches zumal von unserer protestantischen Kirche schauderhaft vernachlässigt, nur mühsam dem katholischen nachgebildet ist.*

Es ist deshalb verständlich, dass Bitzius eifrig beteiligt war, als es 1874 darum ging, im Kanton Bern ein neues Kirchengesetz auszuarbeiten. Dessen eindeutige Annahme durch die Stimmbürger erfüllte ihn mit grosser Genugtuung. Noch waren aber nicht alle seine Anliegen im Blick auf das Verhältnis von Kirche und Staat befriedigend gelöst. Bitzius legte seine Anliegen dar in einem Artikel: «Staatsgesetz und Kirchengesetz». Vor allem wünscht er, dass die Kirche sich mehr auf ihre Selbständigkeit besinne. Er stellt fest: *Unsere Kirche läuft dem Staate nach, hängt sich an ihn, sie achtet sich selbst nicht mehr und verlangt Achtung von ihm. Unsere Kirche muss wieder auf ihre eigenen Füsse, muss wieder ihres Glaubens, ihres inneren Gesetzes leben.* Auch von der Kirchensynode erwartet Bitzius mehr Selbständigkeit und Überwindung ihrer *geistigen Impotenz.*

Führend war Bitzius auch im Kampf um das neue Fabrikgesetz und für die Bundesverfassung von 1874.

Daneben waren es eine Fülle von Vorlagen oder Vorstössen, an denen Bitzius mitarbeitete. Wir nennen einige stichwortartig: Abschaffung des Eides vor Gericht, Neuordnung des Niederlassungs- und Bürgerrechts, Beseitigung der finanziellen Abgaben, welche die Freiheit der Eheschliessung erschwerten, ein neues Strafrecht und ein besseres Armenrecht.

Als Politiker gehörte Bitzius zur Partei der Radikalen. Einer ihrer Führer war Jakob Stämpfli. Bitzius stand sicher stark unter seinem Einfluss, war aber kein sturer Gefolgsmann. Er kann einmal bemerken: *Der Stämpfli von 1861 ist nicht ganz der von 1846.*

Die Beziehung zu Stämpfli brachte für Bitzius eine gewisse Problematik. Sein Vater war immer mehr zum Gegner der Radikalen und damit auch Stämpflis geworden. Gotthelf verargte es den radikalen Politikern, dass sie, die die Parole der Freiheit zu der ihren gemacht hatten, nun selber unduldsame Parteipolitik trieben.

Dies war Albert Bitzius, dem Sohn Gotthelfs, sicher gegenwärtig. Er musste sich diesen Sachverhalt auch von seiner Mutter und seinen Schwestern aufzeigen lassen. Albert weist ihre Vorhaltungen nicht einfach von der Hand. Aber er legt Henriette 1876 in einem Briefe nahe, dass sie die Zusammenhänge gerecht würdigen sollte: *«In Betreff der Politik hast du im Ganzen recht, nur ist dies bloss eine Seite der Sache. Nothwendig musste der Zusammenstoss von alter und neuer Zeit einen heillosen Wirrwar, viel trübes Wasser erzeugen; nothwendig konnte, wer mit tiefster Seele unten im Volke lebte, nicht sofort einen Überblick gewinnen. Jetzt aber liegt klar vor Augen, dass jene Wirrnis des Guten mindestens so viel brachte, als des Bösen, und falls das ebenfalls beigefügt wäre, würde es J. G. gerechter würdigen helfen:.* (Albert bezieht sich hier auf die Lebensbeschreibung Gotthelfs durch Henriette).

Albert Bitzius war, auch wenn er sich zu den Radikalen zählte, kein unfreier Parteigänger. Er wollte nicht abgestempelt sein. *Liberal ist ein vertraktes Wort,* kann er einmal bemerken. Was ihm als Ziel vor Augen stand, war *Echte Liberalität.* Dass er solche üben konnte, bewies er als Direktor des Unterrichtswesens. Er lehnte es ab, die theologischen Lehrstühle ausschliesslich mit freisinnigen Theologen zu besetzen. So kam es zu einigen Wahlen, die man als aussergewöhnlich bezeichnen kann. In der Festschrift «Auf dein Wort» der Evangelischen Gesellschaft Bern, 1981, gibt Rudolf Dellsperger darüber folgende Zusammenstellung: *Unter der Ägide von Albert Bitzius erhielt die Berner Fakultät im Jahr 1878 gleich doppelten Zuzug aus dem positiven Lager, indem Samuel Oettli zum ausserordentlichen Professor für Altes Testament und Eduard Güdel zum Honorarprofessor für biblische Exegese ernannt wurden. Um die Jahreswende 1880/81 schliesslich erfolgte die Ernennung des jungen Kesswiler Pfarrers Adolf Schlatter zum Privatdozenten für neutestamentliche Exegese und Dogmengeschichte.*

Es ist eigenartig, dass Adolf Schlatter, der aus pietistischen Kreisen stammte, ausgerechnet durch Albert Bitzius, der dem Pietismus in mancher Beziehung kritisch gegenüberstand, der Weg zu seiner akademischen Laufbahn geöffnet wurde. Wie ernst es Bitzius war mit seinem Anliegen, auch die andere kirchliche Richtung zum Zug kommen zu lassen, wird deutlich aus einem Brief an seinen Schwager Albert von Rütte. Er schreibt ihm im Blick auf die Professorenwahlen: *Wir begehren keinen, der euer Vertrauen nicht hat oder unversehens zu einer anderen Richtung sich entwickeln könnte.*

Bitzius hat Verständnis auch für die Anliegen einer Minderheit. Ja mehr noch, es macht ihm nichts aus, gelegentlich mit seinen Ansichten so ziemlich allein zu stehen. Zur Begründung schreibt er einmal an A. Altherr: *Lue, i bi geng wöhler bi d'r Minderheit, wil i geng Angst ha, i d'r Mehrheit mach m'r Dummheite!*

Das hier Gesagte macht verständlich, dass Bitzius in gewissen Fragen Urteile abgeben kann, die sich scheinbar widersprechen. Man könnte dabei an das Wort in «Huttens letzte Tage» denken: *Ich bin kein ausgeklügelt Buch, ich bin ein Mensch mit seinem Widerspruch.* Aber es geht um mehr als eine gewisse Widersprüchlichkeit. Die widersprechenden Äusserungen lassen sich zuletzt aus einem tieferen Grundanliegen heraus verstehen. Dafür seien einige Hinweise gegeben.

Am deutlichsten lässt sich diese eigenartige Verbindung von Gegensätzen dort aufzeigen, wo es um das Problem Christ und Bürger geht. Bitzius fühlte sich mit der Heimat tief verbunden. Huldreich Zwingli war ihm darin Vorbild. Er stand ihm nahe, *der Reformator mit dem Heimweh im Herzen nach den Bergen und den einfachen Leuten darin.* In seiner Predigt zum Reformationssonntag 1872 sagt er von Zwingli: *Er war vielleicht ein weniger ausgeprägter Christ als Luther und Calvin, dafür sind bei ihm dann aber auch der Bürger und der Mensch nie zu kurz gekommen.*

Bitzius will die enge Verbindung von Christ und Bürger wahren. Am Eidgenössischen Dank-, Buss- und Bettag 1871 stellte er diese Verbindung in den Mittelpunkt seiner beiden Predigten. Er erklärt dort: *Christ, sei zugleich ein guter Bürger – Bürger, sei zugleich auch Christ.* Das kleine Wörtlein «zugleich» ist hier sehr bedeutsam. In ihm ist die Spannung inbegriffen, die zwischen diesen zwei Grössen je und je entstanden ist. Für sich selber hat Bitzius dieses «zugleich» verwirklicht. Er wendet sich an seine Gemeinde und erklärt: *Ich meine, liebe Zuhörer, damit ein Pfarrer am Bettag herzandringend predigen könne, müsse er selbst beides zugleich sein, Bürger und Christ, und in seinem eigenen Innern jenen heiligen Bund zwischen seiner Religion und seiner Liebe zum Vaterland vollzogen haben.*

Um so mehr muss man sich verwundern, dass Bitzius für die Trennung von Kirche und Staat eintrat. Er lehnt den Begriff des christlichen Staates ab. Der Staat ist ihm eine säkulare Grösse. Seine Aufgabe ist der Rechtsschutz, die öffentliche Ordnung und Sicherheit, die *kalte, eherne Gerechtigkeit.* Er erwartet dabei vom Staat, dass er *was er für sich selbst in Anspruch nimmt, auch der Kirche gewähre, ja zutheile, auch ihr erlaube, dass sie sich neu gründe auf das Bedürfnis, welchem sie ihre Entstehung verdankt. Welches ist dieses Bedürfnis? Dieses: die Menschen wollen eine Gemeinschaft haben, innerhalb derer der Geist und die Segnungen Jesu Christi frei walten kann, ungehemmt durch menschliche Rücksichten und staatliche Bequemlichkeiten. Ist das in der Kirche Bern's der Fall? Nein, in ihr ist Christus zur Stunde noch ein Thorbergersträf-*

ling, belastet mit einer Kugel, welche ihm der Staat um seinen Fuss geschmiedet hat. (Artikel «Staatsgesetz und Kirchengesetz).

Der Kirche legt Bitzius nahe, dass sie vom Staate nicht besonderen Schutz erwarte. Deshalb erklärt er im Blick auf das Sonntagsgesetz: *Weg mit allem und jedem Sonntagsgesetz, auch zugunsten der Kirche, zum Schutz des Gottesdienstes brauchen wir keines. Wir vertrauen dem Volk; was in unserm Land von ächter Sonntagsfeier zu finden ist, verdanken wir jetzt schon der Volkssitte und nicht der Polizei.* (Artikel: Die Gesetzgebung über den Sonntag). Bitzius weiss genau, dass eine Trennung von Kirche und Staat für die Kirche materielle Nachteile bringen würde. In zwei Briefen in den «Reformblättern» äussert er sich zur Frage des Kirchengutes. Nach seiner Meinung sollte die Kirche nicht immer wieder den Kirchengütern und den Stiftungen nachtrauern, die einst die Hand des Staates an sich zog. Im Gegenteil: *Küssen sollte die Kirche diese Hand, denn durch sie ward die Kirche wieder sich selbst wiedergegeben, wieder zur Kirche dessen, der nicht hatte, wo sein Haupt hinlegen.*

Und wir sollten den unheilvollen Weg der Stiftungen ein zweites Mal betreten und Schätze sammeln auf Erden? Nimmermehr. Heute sind wir der Knabe David mit der Schleuder, drum weg mit dem silbernen Harnisch, dem goldenen Helm! Arm, arm soll die Kirche der Zukunft sein und bleiben, sonst wird sie vornehm, hält's mit den obern Klassen, entfremdet sich die untern, weckt sich Neider und Feinde. Sie darf von nichts leben, als von der Liebe ihrer jeweiligen Genossen, auf nichts zählen als·auf den starken Gott. Vor Allem nur ja nicht durch Stiftungen sich immobilisiren, sich für die Zukunft binden, sondern frei und rücksichtslos muss sie bleiben ihrem Geiste, leicht, luftig, jedem neuen Bedürfnis gewachsen ihrer äussern Gestaltung nach. Die Kirche ist ja nichts für sich, nicht Endzweck, sondern blosses Werkzeug zur sittlichen Hebung und geistigen Befreiung der Menschheit.

Bitzius würde sogar die Abmachung, wie sie heute noch vielerorts besteht, dass der Staat auch die Kirchensteuern einzieht, ablehnen. In seinen Briefen über das Kirchengut schreibt er dazu: *Wenn wir einmal für unsere Kirche Geld brauchen und dafür auf Steuern angewiesen sind, warum wollen wir da den Staat zu unserem Weibel machen und nicht lieber unmittelbar zu den Leuten gehen und zwar nur zu denjenigen, die uns freiwillig und gerne geben? Nur so ruht auf dem Gelde Gottes Segen.*

Dem Freunde gegenüber, an den er sich in seinem Briefe wendet, fügt er bei:

Das wären meine Vorschläge. Glaube mir, lieber Freund, sie wurden mir nicht leicht. Lange wollten der Pfarrer und der Hausvater in mir dagegen scharfen Einspruch erheben, allein schliesslich haben das Vertrauen zu Gott und zum Volk und der Glauben an die grosse Zukunft der Kirche als Gemeinschaft die Oberhand gewonnen und behalten.

Wie sich Bitzius die Organisation dieser ganz auf sich gestellten Kirche denkt, ist im einzelnen nicht ersichtlich.

Zweierlei aber steht fest. Diese vom Staate gelöste Kirche kann nur bestehen, wenn ein Volk da ist, das sie trägt. Er erklärt in einer Synodalpredigt in Nidau: *In viel kürzerer Zeit als wir heute noch erwarten, werden die Bande sich lösen, welche zur Stunde noch die Kirche Bern's an den Staat knüpfen. Nun tritt an unser Volk die Frage heran: Wollt Ihr auch jetzt noch eine Kirche, eine Landeskirche, eine freiwillige, religiöse Gemeinschaft des Bernervolkes?* Ferner soll diese Kirche weitgehend von den Laien getragen sein. Er verlangt, dass die Gemeinden bei der Pfarrwahl nicht mehr an eine bestimmte, geschlossene Zahl von Personen gebunden sein sollen. Die *geistliche Kaste* soll aufgehoben sein. Bitzius ist mit diesem Anliegen anlässlich der Ausarbeitung des neuen Kirchengesetzes nicht durchgedrungen. Es ist auch nicht zu der Trennung von Kirche und Staat – wenigstens weitgehend nicht – gekommen. Bitzius ist hier seiner Zeit vorausgeeilt. Und doch wirken seine Anliegen irgendwie weiter.

Nach der Ablehnung der Trennung der Kirche und des Staates auf eidgenössischer Ebene hat in jüngster Zeit nun doch in einzelnen Kirchen so etwas wie eine Entflechtung von Kirche und Staat, eine Lockerung des Verhältnisses eingesetzt.

Wir kommen noch einmal auf die Haltung von Bitzius zurück. Ist dies nicht widersprüchlich: Einerseits die Betonung der engen Verbindung von Bürger und Staat, andererseits Trennung von Kirche und Staat? Gewiss, es besteht da eine Spannung. Im Grunde aber liegen ihm beide Grössen am Herzen. Gerade durch eine Trennung möchte Bitzius beiden Institutionen die volle, freie Entfaltung geben.

Eine andere Spannung begegnet uns bei Albert Bitzius dort, wo es um das Festhalten an der Tradition und dem Verlangen nach Erneuerung geht. Bitzius kennt den Wert der Tradition. Die Geschichte ist ihm Lehrmeisterin. Er selber war mit seiner Familie verwurzelt in einer langen Kette von Geschlechtern. Die Familie Bitzius lässt sich zurückverfolgen bis auf Adrian von Bubenberg. Er legt darauf nicht viel Gewicht. Die Tatsache, dass vielerorts noch die Burgergemeinden neben den Einwohnergemeinden eine Rolle spielten, erscheint ihm als ein *Fremdkörper in unserer Zeit*. Dies gilt ihm auch für die Burgergemeinde Bern. An Henriette kann er schreiben: *Es ist eben ein sinkendes Gemeinwesen um unsere Burgerei.*

Sein Geist möchte zu Hause sein, auch draussen in der weiten Menschenwelt. Er gibt Henriette den Rat: *Verlange doch auf der Lesegesellschaft für dich etwas von Björnstjerne Björnson, dem Jeremias Gotthelf Norwegens, etwa den lustigen Burschen und das Fischermädchen. Es ist staunenswerth, wie reich die Menschenwelt. Immer neue Offenbarungen aus ihr.* So besteht auch hier kein eigentlicher Widerspruch, sondern eine lebendige Spannung zwischen wertvoller Tradition und dem Offensein für den Geist, der auch anderswo weht.

Die gleiche Linie lässt sich auch verfolgen dort, wo es um das Verhältnis von Bitzius zur römisch-katholischen Kirche geht. Er möchte manches an katholischer Tradition festhalten. Wir haben dies schon gesehen im Blick auf Allerseelen und Allerheiligen. Er bedauerte auch, zum Verwundern seiner Freunde, dass das letzte Marienfest abgeschafft werden sollte. Er sah gerade in diesen Festen ein Stück Tradition und Volksfrömmigkeit, die auch ihm nicht wertlos schienen.

Andererseits konnte Bitzius in kirchenpolitischer Hinsicht ganz die antirömische Linie verfolgen, wie sie im Kulturkampf der siebziger Jahre festgelegt worden war. Er billigte die Ausnahmegesetze gegen den Jesuitenorden und die Klöster. Dazu gehört, dass er die Entstehung der altkatholischen Kirche begrüsste und in wichtigen Fragen mit ihr übereinstimmte. Bitzius war erfreut über die Wahl von Papst Leo XIII. In ihm bestieg ein kultivierter, der Moderne nicht feindlich gesinnter Mann den päpstlichen Stuhl. Bitzius gab seiner Genugtuung und Hoffnung in einem Brief an Henriette Ausdruck: *Gottlob, habemus pontificem: Ich freue mich Leos XIII. sehr. Der Kerl hat Haare auf den Zähnen. Hoffentlich spitzt er das katholische Dilemma zu, nöthigt alle Unentschiedenen Stellung zu nehmen.*

Auch gegenüber der römisch-katholischen Kirche begegnet uns ein Doppeltes, das nicht ohne innere Beziehung ist: Aufgeschlossenheit gegenüber dem überlieferten Glaubensgut, Ablehnung eines sturen Klerikalismus und aller unfreien Abhängigkeit von Rom.

Diese wenigen Hinweise auf das Wirken als Staatsmann in Bern zeigen sicher eines: Es ist eine fast erdrückende Fülle von Aufgaben, die er anpackte und zu lösen suchte. Es galt zu kämpfen gegen Widerstände und Widersacher. Kein Wunder, dass er einmal das Verlangen ausspricht *sein müdes, von Sorgen ums Vaterland abgequältes Haupt abzulegen.*

Aber Bitzius bewahrte sich jene Überlegenheit, von der er einmal an Cécile und Albert von Rütte schreibt: *Es gilt zu glauben, zu wagen: Nacht muss es sein, wo Friedlands Sterne strahlen!*

Welches der Rhythmus seines Arbeitens war, entnehmen wir der Schilderung von Henriette in der Biographie ihres Bruders: *Hatte er dringende Arbeiten und wurde tagüber durch Audienzen gestört, so nahm er das Material dazu mit heim und fertigte sie in den frühsten Morgenstunden. Pünktlich wie eine Uhr sah man ihn täglich seinem Büreau zuschreiten; wer erinnert sich nicht der hochgewachsenen, wuchtigen Gestalt mit dem zurückgeworfenen, schönen Kopfe, der auf dem Rücken liegenden Hand.* Er wahrte eine feste Haltung nicht nur nach aussen, sondern in seinem Sinnen und Trachten. Er sagte darüber einmal zu Henriette: *Je elter me wird, desto meh sött me luege, dass me suberi Beweggründ hätt,* und ein andermal, *Suberi Beweggründ, das isch d'Hauptsach.*

Bitzius bekleidete neben dem Amt eines Regierungsrates auch dasjenige eines Ständerates. Als Student hatte er einst geschrieben: *Der Parlamentarismus ist meine schwache Seite, das Ideal, das sich oft in meinem Geiste der Theologie an die Seite stellt und diese aus meinem Herzen zu verdrängen sucht.* Nun ward aus dem Jugendtraum Wirklichkeit. Da sein Freund Vögelin aus Uster dem Nationalrat angehörte und Bitzius dem Ständerat, gaben die Tagungen der Bundesversammlung eine besondere Möglichkeit der Begegnung. Im Blick auf das Parlament eilte Bitzius seiner Zeit voraus. So äusserte er den *«frommen Wunsch»*, *es möchte eine erleuchtete und unbefangene Gesetzgebung einst auch dem geistlichen Stand eine Vertretung in den obersten Landesbehörden gewähren.* Die erleuchtete Gesetzgebung lässt nach 100 Jahren noch immer auf sich warten! Ein Wort, das Albert Bitzius, schon von seinem Leiden gezeichnet, den schweizerischen Standesherren zurief, ist von der Nachwelt wie ein Vermächtnis empfunden worden: *Vertrauet dem Volk, das Volk liebt seine Idealisten.*

Ein früh Vollendeter

Nicht zufällig wählen wir diesen Ausdruck. Bitzius selber braucht ihn einmal. Er erklärt: *Man stösst sich zuweilen an einer gewissen Hast und Ungeduld und erkennt darin nicht den berechtigten Drang solcher, die einer frühen Vollendung entgegenreifen, doch ja von ihrem Leben eine Spur und Frucht zurückzulassen.* Oder ein andermal: *«Lue, mir rechne nit mit länge Jahre.* Fast wörtlich gleich hatte sich einst sein Vater geäussert und daraus die Folgerungen gezogen: *Man hat einen Tag zur Arbeit, es kommt eine Nacht, wo niemand wirken kann.* So empfand es nun auch der Sohn. Er hatte *die Kerze an beiden Enden angezündet.* Bitzius spürte, dass die Zeit da war, um, wie er sich ausdrückte: *das Werkholz für immer niederzulegen.*

Eine Herzklappenentzündung, verbunden mit einer schweren Erkältung, zwang Bitzius aufs Krankenlager. Wir unterlassen es, seine Leidenszeit im einzelnen zu schildern. Es genügt das Zeugnis der beiden Menschen, die ihm in seiner Krankheitszeit vor allem zur Seite standen. In erster Linie ist hier seine Gattin zu nennen. Was in diesen Wochen auf ihr lag, wird deutlich aus einem Brief, den Ida Bitzius-Ammann an F. S. Vögelin schrieb. Wir lesen da: *Ich meine oft wirklich unterliegen zu müssen, den armen Dulder so leiden sehen zu müssen und doch gibt der liebe Gott mir immer wieder die nöthige Kraft. Er hat mir durchgeholfen, Albert während 12 Wochen allein pflegen zu können, denn erst seit 14 Tagen ging es nicht mehr ohne Wärterin.*
Ida Bitzius spricht davon, dass der Keim der Krankheit seit einem Jahr vorhanden gewesen sei. Erklärend fügt sie hinzu: *Daher auch diese Hast im Winter noch so vieles abzutun und all mein unnützes Bitten er möge sich doch schonen. Ich bitte Sie den armen Leidenden in Ihr Gebet einzuschliessen. Ganz Ihre ergebene und schwergeprüfte Ida Bitzius-Ammann.*
Das andere Zeugnis über diese letzte Zeit entnehmen wir der Biographie von Henriette Rüetschi-Bitzius über ihren Bruder:
Als die Krankheit mit immer grösserem Elend und Jammer gegen ihn anstürmte, da verlor er kaum für einen Augenblick seine klaglose, heitere Geduld; mit lächelnder Miene sagte er am Morgen nach seinen

schlimmsten Nächten: «S'isch mr o scho wöhler gsi; oder: Mi leert doch mängs i schlaflose Nächte.»

Als endlich die Todesschmerzen seinen entstellten Körper durchwühlten und er das Nahen seiner letzten Stunde spürte, faltete er die Hände und rief zu wiederholten Malen: Herr, dein Wille geschehe! dann versank er in Bewusstlosigkeit und schlummerte sanft und ohne Todeskampf im siebenundvierzigsten Jahre seines Alters.

Als Jüngling hatte Albert Bitzius von seinem Vater das wegweisende Wort empfangen: *Ich hoffe, Du werdest ein tüchtiger Kämpfer werden im Streit, den auch ich kämpfe; Du werdest einst, wenn ich die Fahne, die ich trage, fallen lassen muss, sie ergreifen mit starker Hand und hoch flattern lassen überm Kampfplatz ...*

Nun war die Fahne auch seiner Hand entglitten.

Albert Bitzius, Vater und Sohn, immer wieder sind wir bei unserer Schilderung vor dieser Tatsache gestanden: Zwei Wanderer auf verschiedenen Wegen, aber zu tiefst zwei Geistesverwandte. Man kann sie vergleichen, ihre Gaben und ihr Wirken gegeneinander abwägen. Wir werden besser tun, dankbar dem zuzustimmen, was einst der Schriftsteller J. V. Widmann geschrieben hat: *Es ist eine Seltenheit, dass während mehr als 50 Jahren aus einem einzigen Berner Geschlecht von Vater und Sohn dem Lande so viel Kraft und Güte, Schönheit und Weisheit zuströmte.*

Von **Jeremias Gotthelf** sind im
GS-Verlag folgende Bändchen erschienen:

Barthli, der Korber. Erzählung
80 Seiten, geb. Fr. 3.–, br. Fr. 2.–

Der Besuch/Die drei Brüder/Das arme Kätheli
89 Seiten, geb. Fr. 3.–, br. Fr. 1.50

Der Druide. Erzählung aus der Zeit der alten Helvetier
64 Seiten, geb. Fr. 3.–, br. Fr. 2.–

Dursli oder der heilige Weihnachtsabend
72 Seiten, geb. Fr. 3.–, br. Fr. 1.50

Hans Berner und seine Söhne/Die Wege Gottes und der
Menschen Gedanken/Niggi Ju
79 Seiten, geb. Fr. 3.–, br. Fr. 1.50

Harzer Hans, auch ein Erbvetter
60 Seiten, geb. Fr. 3.–, br. Fr. 1.50

Der Sonntag des Grossvaters/Segen und Unsegen
78 Seiten, geb. Fr. 3.–, br. Fr. 1.50

Die Wassernot im Emmental. Am 13. August 1837
79 Seiten, geb. Fr. 3.–, br. Fr. 1.50

Elsi, die seltsame Magd/Wie Joggeli eine Frau sucht
48 Seiten, br. Fr. 2.–

Hans Joggeli der Erbvetter
ill., br. Fr. 3.50

Jakobli und Meyeli (aus Annebäbi Jowäger)
112 Seiten, geb. Fr. 2.–

Die schwarze Spinne
96 Seiten, br. Fr. 3.–